U0731164

高校英语数字化教学与人才培养研究

李晓旭 著

中国海洋大学出版社

·青岛·

图书在版编目（CIP）数据

高校英语数字化教学与人才培养研究／李晓旭著
. -- 青岛：中国海洋大学出版社，2023.9
　　ISBN 978-7-5670-3624-6

　　Ⅰ.①高…　Ⅱ.①李…　Ⅲ.①英语-教学研究-高等
学校②高等学校-英语-人才培养-研究-中国　Ⅳ.
①H319

中国国家版本馆 CIP 数据核字（2023）第 177310 号

GAOXIAO YINGYU SHUZIHUA JIAOXUE YU RENCAI PEIYANG YANJIU

出版发行	中国海洋大学出版社
社　　址	青岛市香港东路 23 号　　　　邮政编码　266071
网　　址	http：// pub. ouc. edu. cn
出 版 人	刘文菁
责任编辑	由元春　　　　　　　　　电　　话　15092283771
电子邮箱	502169838@qq. com
印　　制	日照日报印务中心
版　　次	2023 年 9 月第 1 版
印　　次	2023 年 9 月第 1 次印刷
成品尺寸	170 mm×240 mm
印　　张	8.5
字　　数	155 千
印　　数	1~1000
定　　价	39.00 元

发现印装质量问题，请致电 0633-2298958 ，由印厂负责调换。

前　言

　　数字技术已经逐渐进入人们的生活，给人们的生活带来了诸多便利。与此同时，教育也应该与时俱进，积极与数字技术相结合，实现教育的数字化发展。目前，教育界都将教育数字化转型看作是教育的发展方向，但对于教育数字化转型在实际教学中的应用情况及效果并未做过多的探索。教育数字化转型促进了教学的变革，使教学内容、教学方法等许多方面都在悄然发生改变。当前，不少国家在自己的课程体系中设置了英语课程，中国也不例外，英语课程已经贯穿于基础教育与高等教育。同时，中国的经济实力明显增强，与世界各国的贸易交流与文化交流更加频繁，这使得中国对英语人才的需求增加，而英语人才培养的主要阵地就是高校。基于此，高校更应该进一步改革英语教学，优化教学效果，培养更多优质的英语人才。

　　中国各大高校已经积累了不少英语教学经验，也运用丰富的经验促进了英语教学质量的提高。但是，时代在进步，社会对英语人才的要求越来越高，高校如果一味地固守传统的教学理念、教学方法，势必无法满足社会的需求，也无法满足学生学习英语的需求。因此，高校应该适应教育数字化转型的趋势，运用数字技术充分提升英语教学的质量与效率。

　　数字时代，高校英语人才的培养模式与策略也出现了新的变化，结合高校英语数字化教学实际，创新英语人才培养模式与策略，具有重要的现实价值与意义。高校英语数字化教学能够满足现代大学生的心理诉求，能实现开放式英语课堂的构建，能使教师不再为传统的英语教学框架所束缚，从而更好地运用开放、发散的思维去创新英语教学，培养英语人才。同时，英语数字化教学能够极大地拉近教师与学生的距离，使教师在课堂之外也能充分利用网络与学生进行交流，让学生获得更大的学习自主权，提高其自主学习能力，最终成长为一名合格的英语人才。

　　基于高校英语数字化教学以及英语人才培养的重要性，作者在总结前人优秀研究成果以及自身丰富教学经验的基础上，对高校英语数字化教学与人才培养问题进行了探究。本书共分为八章，主要从两个方面详细展开。第一个方面（第一章到第四章）介绍了高校英语数字化教学的相关知识，解读了教育数字化转型的内涵，分析了教育数字化转型的动因与理论框架；指出了高校英语数字化教学转型的理论基础——信息技术与课程整合，同时总结了二者融合的策略；指出了高校英语数字化教学转型的技术基础，这里的技术主要包括多媒体技术、大数据技术、云计算技术与虚拟现实技术；论述了高校英语数字化教学的应用问题。第二个方面（第五章到第八章）详细探究了高校英语人才培养问题，介绍了高校英语人才培养基础知识，总结了高校英语人才培养理念与模式，着重探讨与概括了具有高校特色的英语人才培养策略。

　　本书内容既有对高校英语数字化教学问题的解析，又有对高校英语人才培养问题的探讨。但是，由于时间仓促以及作者水平有限，书中观点难免存在不当之处，恳请各位读者批评指正。

李晓旭

2023 年 7 月

目　录

第一章　教育数字化转型概述

随着云计算、大数据、人工智能、区块链等新一代数字技术的发展与应用，以数字化驱动的各行各业的变革与创新已经是大势所趋。将教育置于科技与社会交融的时代背景下，可以说教育数字化转型是教育回应时代变迁与现实发展的必由之路。本章主要对数字化转型的基本问题进行分析与探讨。

第一节　教育数字化转型的内涵解读

一、教育数字化转型的原理阐释

数字化的本质是实现人与物、人与信息、人与人之间的"连接"①，推动教育教学的全流程、全要素的数字化。围绕这一本质，从内在逻辑的原理分析，教育数字化改革就是如何通过数字技术，将物理世界的教育要素、现象和问题等数字化，实现物理空间与数字空间的数字孪生，并依托数字工具再造教育教学组织结构和业务流程，从而创新教育教学的形态。简言之，即普适记录、全面计算、制度重塑。

（一）普适记录

数据是教育数字化转型中的核心驱动要素，是推动教育创新的关键变量。在教育漫长的发展过程中，数据的记录一直在发生，如学生个人信息、学业评价信息，但数据的沉淀和利用却局限在一定的范围内。传统的教育数据具有三方面的特征：一是数据形态的静态化，数据孤立、静态存储于各类应用系统

---

① 陈雪频. 一本书读懂数字化转型［M］. 北京：机械工业出版社，2021.

中；二是数据内容以身份标签为主，更多的是教育机构组织和师生的身份类数据；三是数据沉淀的零散性，数据的采集和沉淀以系统填报或人工采集为主，不具备连续性。教育数字化转型要求通过数据化将物理世界的教育教学现象映射到数字世界，对一切教育的过程和要素以数字化标识，全过程记录师生教与学中的行为数据。因此，在教育数字化转型中，教育数据有着新的特征：一是从零散记录转向普适记录；二是从身份标签转向行为标签；三是从静态采集转向伴随式采集；四是从各自为营转向标准规范。

（二）全面计算

互联网提升了数据的沉淀速度和能力，但数据本身没有价值，只有经过数字化和计算，才能给教育教学带来价值创造。教育数字化转型在沉淀大规模的教育数据的基础上，必须运用数学原理和计算技术，通过构建符合教育规律和学生成长规律的教学分析、教育评价、教育治理决策等各类计算模型，实现对数据的聚类和相关性分析，才能发挥数据对教育教学过程的跟踪、分析和诊断等生产要素作用，从而支撑教师学情特征分析、教学过程优化和教育精准评价，支持教育决策的预警预测。全面计算需要满足三个条件：一是数据，即教与学、教育管理的行为数据；二是算法，即数据价值挖掘体系和能力，这是计算的核心，如基于知识图谱的学生学业水平评价模型、基于人脸识别的校园安全管理模型；三是算力，算力的支撑需要各类教育机构，充分依托公共计算服务。

（三）制度重塑

数字技术不仅是一种以大数据、人工智能为表征形态的技术工具，背后还隐含了技术"自我创造的过程"和特定共同体所持有的信念价值与行为方式。教育的数字化转型，其技术创新和政策价值从一开始就指向教育的系统性变革。[①] 以数据、连接和计算为核心的新一轮数字技术，可以对教育管理和教学流程实现要素重组，以组织在线和业务在线实现教育管理和教学流程再造。制度重塑的基本策略则是场景化，即基于教育教学中的具体问题打造应用场景。

---

① 程莉莉. 教育数字化转型的内涵特征、基本原理和政策要素 [J]. 电化教育研究，2023（4）：53-56.

二、教育数字化转型的要素组成

（一）教育数字化转型系统及其要素

社会活动系统的要素包含主体、客体（对象）、内容、形式。教育系统的要素则包含教育者、受教育者、教育目标、教育内容、教育模式等。"教育数字化转型"也可以看成是一个系统，它的要素包含转型（实施）主体、客体（对象）、转型条件分析、转型需求分析、转型内容（项目）确定、转型目标确定、数字技术要素选择、转型方式与方法、转型监测与评价。根据不同层次、不同范畴的教育教学系统，可以形成不同的应用场景，因此其包含要素也会根据情况而有所不同。

（二）数字化转型后教育系统的结构

转型后的数字化教育系统会呈现出"网—云—端—用"的系统结构。"网"即教育专网，国家、省、市等要建好各级主干网络，在县域层面，构建专门的教育基础网络，形成区域化的高速教育专网，网络的最低标准传输速度应该满足双向 4K 高清实时播放，建议在县域构建 5G 专门网络并推广应用。"云"即教育云平台，在国家及省级教育大数据规范标准框架下，各类型应用平台或系统云要支持基础数据共享融通和专有数据的信息安全。"端"即教育用户终端，指教师、学生、家长、教育行政管理者、教育研究者、教育服务提供商、教育技术提供商等均能通过台式机、一体机、平板电脑或智能手机终端便捷接入。"用"即技术赋能的教育教学业务应用体系，主要由数字化社会公共教育资源、教学、教研、发展评价、管理、评估、发展规划等应用业务构成。

三、教育数字化转型的特征

在数字信息技术与教育深度融合的过程中，教育资源数字化、教育技术赋能化、教育方式创新化，成为新时代教育实现数字化转型的显著特征。

（一）教育资源数字化

教育资源数字化是教育数字化转型的首要特征。教育资源是由多个因素、多个环节组成的综合资源，贯穿在整个"教"与"学"的过程中。所以，教育资源的数字化必须围绕着教育过程中的"教"和"学"这一中心，以信息和网络为基础，夯实教育数字化转型的外在基础设施条件，满足学校管理、教师教学、学生学习的内外在需要，具体来说包括以下几点。首先，教育资源数字化主要指教学素材的数字化，包含教学信息的收集、课件的制作、电子教案的储存、文字的处理、图片的展示、动画的播放、视频的演示等各个环节。其次，教育资源数字化体现在教学工具的数字化方面，包括多媒体和计算机的普及与运用、互联网技术的支持、VR 的真实体验、数字图书馆的有效利用等。最后，教育资源数字化还体现在数字化网络教学平台的普及上，包括中国大学慕课平台、全球学术快报以及其他各类学习软件的推广使用。教育资源数字化作为 21 世纪教育数字化转型的重要表现，以数字技术与教育的深度融合，改变了以往教育受时间和空间限制的特点，是现代教育高质量发展的重要表现。

（二）教育技术赋能化

教育技术赋能化是教育数字化的显著标志。教育技术赋能主要指数字技术在教育领域、教育环节中的充分运用。具体来说，主要包含三个层面。其一，教育技术赋能于教育符号或者教育工具，能够丰富教育信息的获取手段、传播途径、储存方法和表达方式，对各种教育信息资源进行有效的收集、整合、分析、利用，实现教学过程和学习过程的优化。其二，教育技术赋能于教师和学生的思维、记忆等，能够推动教育过程的变化、教学方式的创新，为教师分忧、为学生减负，使得教与学的过程更加高效、方便和快捷。其三，教育技术赋能于教育理念，能够带来教育领域的一系列变革，引起课堂教学结构的重新组合，助力新的教育规律的发现。

（三）教育方式创新化

教育方式创新化是教育数字化转型的鲜明旗帜。[①] 以往的教育主要依赖于课堂教学。进入数字时代以来，教育充分利用新技术创设了教育新模式、出现了教育新场景、展示了教育新生态。其一，在教育新模式上，学校逐步实现智能管理，具体表现为深度数据挖掘支持的教育决策、全面普及的自动化管理、实时监控的教育运行情况等。其二，在教育新场景上，教师的教学方式以及学生的学习方式实现了新的突破。AI 技术通过对数据的检索和深度分析助力学生和老师"减负增效"；5G 技术使在线教育和双师学堂成为可能，它以最快的速度拉近了全国教师与学生之间的距离，使教育资源共享成为现实；AR 技术与教育教学环节深度融合，创造了情景式、沉浸式的学习体验环境，使抽象

---

① 崔艳叶. 教育数字化转型的特征、意义和路径探讨 [J]. 新乡学院学报，2023（4）：74-76.

的知识直观化、形象化。其三，在教育新生态上，教育以面向未来、服务社会为主旨，不仅突破了时空限制，实现了人人、时时、处处能学、可学的新生态，而且突破了教育模式限制，聚焦于每位学生的能力、潜力，以学定教、以学导教，实现了个性化、精细化管理。

四、教育数字化转型的现实意义

教育数字化转型是数字技术推动教育内部革新的持续演进过程，一个强大的数字中国必然需要一种高度适应数字经济与社会发展的数字教育作为支撑。

（一）能促进教育资源的公平配置

进入新时代，教育要解决的问题已经从"有学上"转变为"上好学"，为全国学生提供优质的教育资源是教育公平的重要内涵。教育的数字化转型，突破了传统的教育教学模式，教育资源配置在信息技术的支撑之下，不再受时间和地区的限制，向着更加公平、开放、共享的方向发展。受教育者可以通过下载各类学习软件选择教育资源，不再受区域限制、时间限制、师资限制，可以随时随地通过信息数字技术学习自己感兴趣的内容。

（二）能深化教育理念变革

深化教育理念变革是教育数字化转型的先导，数字化作为强有力的"杠杆"正在撬动教育领域的整体性变革。数字化时代的到来，使社会对人才的需求发生了深刻的变化：具备数字化的战略头脑、数字化的思维、数字化的执行能力、数字化的创新能力等成为当今社会对人才的新要求。在数字化的时代背景下，教育理念得以全面变革。创新教育、终身教育、开放教育和个性教育等新型教育理念逐渐体现在教学的全过程中。传统课堂的单一化模式正在发生变化，取而代之的是"课堂+线上+实践"的混合教育模式，各种类型的教育资源得以在课堂展示，学生的个性化表达得以体现。

（三）能提升教育教学质量

教育数字化是提升教育教学质量的新动能、新引擎。[①] 推动教育高质量发展是教育数字化转型高效性的具体体现。教育数字化转型以来，教育领域充分利用互联网、云计算等信息技术平台，依托 5G 技术、AI 虚拟技术等，实现了大数据的收集、分析与整合，构建起个性化的学习体系，根据每个学生的学习

---

① 祝智庭，胡姣. 教育数字化转型的本质探析与研究展望 [J]. 中国电化教育，2022（4）：1-8.

能力、发展潜力等分析学生的学习情况，制订个性化的学习方案，满足学生的个性需求，提升了学习效率，实现了"以学定教、以学评教、以学导教"。尽管教育数字化转型还有待进一步发展，但不可否认的是，数字技术与教育相结合已经在提高教育教学效果上表现出巨大的潜力：教学内容更加丰富多彩，教学形式更加新颖独特，教学目标更加具体，知识的输出更加有效。事实证明，教育数字化已经成为推动着教育质量高速发展的新动力。

五、与传统教育信息化发展不同的教育数字化转型的内涵

数字化转型是工业革命在经历了机械化、电气化和信息化之后的新的发展特征，是统筹运用数字技术和数字化思维，以数据要素为基础，通过计算赋能提升认知水平，从而推动社会系统流程再造、制度重构、整体优化的过程。教育数字化转型是教育领域适应数字社会发展、推动新时代教育改革创新的重要战略，是数字化转型在教育领域的落地和实践，是推动教育形态从传统教育走向数字教育的路径和策略。教育数字化转型因其特有的社会变迁背景和技术动因，具有与传统教育信息化发展不同的内涵。

（一）从提升效率走向支撑教育的系统性创新和形态重塑

所谓转型，是指事物的结构形态、运转模型和人们的观念发生根本性转变的过程，其本质上是一个创新的过程。因此，数字化转型与传统信息化有本质的不同。传统信息化是依托信息技术丰富的信息表征方式，对业务、管理进行局部的技术性改造，主要在于提高效率，且在物理空间中闭环完成；数字化转型则是将物理空间的过程和要素映射到数字空间，通过数据的计算，对物理空间的人、事、物做出诊断和预测，支撑业务创新、组织创新和管理创新。教育数字化转型超越了传统教育信息化阶段的技术性、局部性优化，围绕"人人发展，全面发展"的育人本质，顺应信息时代社会发展和人才培养的需求，通过数据赋能，实现教学内容、教学方式、教育供给和教育治理的模式和流程再造，在内涵上直指教育的系统性创新和形态重塑，是教育自身在数字时代的进化。

（二）从封闭式的技术体系走向以教育新基建为核心的开放性技术体系

技术进步推动了技术架构的升级，移动互联网、云计算、大数据、人工智能等新一代信息技术促进教育信息化技术体系从原来的"传统架构+桌面端"走向"云网端+人工智能物联网"。技术架构的转换同时意味着发展机制的转变。在走向教育数字化转型的过程中，作为核心技术的云计算构建了集分布式计算、效用计算、并行计算和负载均衡等为一体的超级计算系统，该系统能够在几秒之内完成对数以万计数据的处理，因而能为教育提供强大的网络服务。此时，算力成为一种商品，就像水、电、煤气一样，能使教育机构自主建设转变为专业的社会服务，从而形成生态化、开放性的技术支持机制。

（三）从信息化表征和管理走向数字赋能和激励

在传统教育信息化发展阶段，技术在其中的作用主要是优化信息传播的媒介载体，变单一感官为多种感官，变单一媒介为多种媒介，这本质上是实现信息记录和表征方式的变化。例如，多媒体教学推动了黑板板书转向电子白板、一体机等媒体化和数字化呈现方式，各类教育管理信息系统将线下手工管理转向基于数据库的信息化管理。在这些过程中，教育信息化丰富了信息和知识的表征方式，优化了管理的方式，但本质上没有改变教育的组织结构、管理流程、教学模式。在数字化转型中，依托数字化、网络化、智能化的教育新基建促成了无处不在的连接和数据的形成。而这种连接和数据，为教育组织形态、教育教学方式和教育供给模式的改变带来了赋能和激励。其主要表现在两个方面：一是增加了认知维度。如 VR/AR、虚拟现实技术装备为学生创设了身临其境的学习情境；移动终端、数码显微镜等则能够记录学生学习过程的数据，使学习变得可见可感。二是改变了沟通方式。学生通过线上学习平台、虚拟社区等，使自己成为知识的消费者与创造者，也能让"互动"这个教学活动中的核心要素更大限度地发挥作用，从而促进学习的多样化和个性化；教育管理的各类应用，通过不同系统之间的数据融通和业务协同，能改变原来的层级、线性管理为在线、柔性的扁平管理，也能变革教育的组织结构。简言之，数字化转型带给教育的，不仅仅是信息化的表征和管理，更多的是通过认知维度和沟通方式的改变，构建起共享、协同、灵活的组织机制，从而有效激活师生潜力。

第二节　教育数字化转型的动因与理论框架

一、教育数字化转型的动因分析

经济社会发展驱动数字技术革新，进而推动教育数字化转型的产生与发展；教育不断增加的内生需求与外部冲击带来的教育韧性建设和稳定发展要求，也在助推教育数字化转型。

（一）经济社会高质量发展促进人才培养模式变革

当前，经济社会高质量发展的主引擎是数字经济。数字经济是以使用数字化的知识和信息为关键生产要素、以现代信息网络为重要载体、以有效使用信息通信技术为效率提升和经济结构优化的重要推动力的一系列经济活动，能在新产业、新技术和新产品的推动下获得快速发展。随着经济社会对自动化、机器学习、大数据等的需求不断增长，其对未来人才的技能结构要求也在不断提质升级。随着工业4.0时代的到来，数字化转型已改变了现有的职业结构，产生了诸如数据分析师、人工智能专家和机器学习专家这样的新型职业。这些新型职业对工作场所和工作技能的要求不同于传统职业，需要人们掌握新的学习工具，并发展新技能。

但是，当前教育系统受第一次和第二次工业革命的影响，广泛使用标准化的、被动的学习形式，培养了一批适合大规模生产的统一、重复和以过程为导向的传统制造业人才，无法满足数字经济发展的需求。因此，学校的教育模式亟待转型，转型后的学校教育模式能够帮助学生塑造批判性思维和创造性思维，掌握数字经济发展所需的创新能力与数字能力，促使其适应智能化、信息化和网络化的学习与工作环境，从而解决结构性就业矛盾，保障经济的稳健和可持续发展。

（二）教育内部发展需要技术的支持

长久以来，教育公平和教育质量都是国际社会广泛关注的热点议题。从1990年的《世界全民教育宣言》《满足基本学习需要行动纲领》到2000年的《达喀尔行动纲领》与"千年发展目标"，再到2015年的《仁川宣言》《2030年教育行动框架》，世界各国和国际组织形成了一个共同的目标，即推动教育和全民终身学习向全纳、公平、有质量的方向迈进。[①] 实现高质量全民教育的愿景固然美好，但现实状况却不尽如人意。全球公共教育资源分配十分不均，教育亟需深层次变革，而发展公平而有质量的教育，则需要在教学模式与方法上进行创新。

为了解决教育资源分配不均的问题，学校间可构建同步混合课堂、异步远程学习课堂和跨时空跨群体交流课堂等，这让教育不再局限于传统意义的校园

---

① 刘宝存，岑宇. 世界教育数字化转型的动因、趋势及镜鉴 [J]. 现代远程教育研究，2022（6）：12-23.

模式，让受教育者不仅可以通过传统的面授方式获得知识，还可以借助网络接受教育。而建立这些课堂有赖于人工智能技术、移动通信技术、全息投影技术等的快速发展。

为了变革标准化的培养模式，使每一位学生都能获得个性化发展，实现教育结果公平的终极目标，学校需打造数字化教育服务平台。该平台可借助人工智能、云计算与大数据等来追踪学生的学习过程，实现对学生学习的个性化分析、对学习资源的个性化推荐、对学习成果的个性化反馈等功能。教师通过该平台能够基于学生的个体学习需求进行精准的资源配置和适当的学习指导，使因材施教成为现实。学生借助该平台能够开展个性化学习，最终实现教学效率的提升和人才培养模式的升级。

为了推动教育的高质量发展，改善学生的学习体验并提高其学习效率，学校还可以利用扩展现实、虚拟现实、增强现实和混合现实等智能技术创设虚拟仿真学习环境。虚拟仿真学习环境不仅可以通过体感交互、触觉交互和技能交互等技术加深学生在数字化学习环境中的具身认知，为其提供安全、沉浸的学习体验，还可以利用自然语言处理技术和图像识别技术实现作业批改的自动化，提高学生的学习效率。

二、教育数字化转型的理论框架

（一）进化论

在自然界中，生物在进化过程中，将经由"适应"过程而获得的优秀禀赋以"遗传"的方式延续下来，从而形成了自然界从简单到复杂、从低级到高级的进化，这种情况发生的速度往往受到外部因素的影响，如自然灾害、气候变化，这就是达尔文主义的进化论。后来，达尔文主义被引入社会科学领域，主要是将达尔文式的"进化观"应用到社会的各个方面，以对某一社会现象和历史进程进行解释和阐述。

一般来说，进化是一个自然过程，但人类发展的过程也存在人为进化，比如创新。教育数字化转型是通过持续数字化战略实现的一种生存模式进化过程，混合了自然进化与人为进化。首先，教育作为社会的子系统，社会数字化转型的浪潮也会带动教育的数字化转型。例如，工业4.0时代改变了就业趋向的格局和技术介入的格局、改变了学生态度与行为与学习需求，推动教育进入了4.0时代。其次，在技术和社会的进化发展快于教育系统适应能力的时代，教育必须通过人为进化的方式适应变化以求生存，数字化转型正是适应和生存的过程表现。在教育数字化转型过程中，技术进化、社会进化和教育进化协同前进，教育经历了文化创变、功能创变和结构创变，形成了公平优质、创新发展和包容开放的数字文化。

（二）催化论

数字技术是教育数字化转型的基础，它可以赋能学习环境建设：一是可提供辅助学生学习的平台工具，如计算机设备、学习管理平台；二是可支持数字化学习资源建设，如协同建构的数字化课程资源；三是可应用过程数据进行教学决策，如采集、识别和分析学生的学习过程数据，将学习数据和情况实时同步到系统中。但数字技术的功能显然不止构建学习环境这一方面，在考虑数字技术时，更应着眼于数字技术可以促进学生的学习和教师的教学这一特点，而非数字技术本身的闪光点。现代教育包含三大要素——教学、学习和技术，三者构成一种"教育三角"，理想的情况是三者齐头并进，用技术来强化服务，从而替代、增强、修改和重塑教学任务。数字技术赋能学习环境为教学活动奠定了外部基础，关键是使用数字技术可以创新教法生态。

事实上，学习环境为教法生态提供支撑，它们的价值目标和基本尺度则是促进教育的优质、公平和高效（低投入、高产出）。优质、公平和高效被称为教育"不可能三角"或"难三角"，传统教育手段很难使它们之间获得平衡，而数字化教育有望破解"难三角"。例如，根据情境及时做出相应的动态调整和干预，使课堂教学更具有适应性；拓展教育公平的广度和深度，如三通两平台、三个课堂；促进教与学的有效性，如融合多种信息技术和媒体设备以实现教学决策数据化、评价反馈即时化、交流互动立体化、资源推送智能化。在社会数字化转型浪潮中，如何通过数字技术整合的教学法实现教育的优质、公平和高效发展，实现教育数字化转型，是当前急需考虑的事情。

（三）应变论

韧性原为物理概念，用来表示材料在塑性变形和破裂过程中吸收能量的能力。它本来是与工程中压力测试材料或结构相关的术语，后演化为各领域应对外部危机和风险的核心概念。在教育领域，韧性是教育系统通过消纳、适调、变革来消减、规避外在冲击或应激源，或在受压下依然正常运转甚至更加完善的能力。其具体体现在多个方面，包括宏观教学环境韧性、组织韧性、管理韧性以及微观的课堂教学韧性等内容。当外部冲击或者破坏力较低时，教育系统往往能够消纳不良影响，保持教育系统的稳定性；而一旦外部冲击或者破坏力超过教育系统的消纳能力，教育系统就需要进行灵活的调适。面对快速变化的环境，来自内外部各种因素的影响和冲击都体现出教育韧性建设的重要性。

增强教育系统韧性，意味着更加强调教育系统自身调整所形成的对外部冲击的适应能力，以及通过创变实现增量式发展的能力，其实质就是教育系统能够维持自身稳定，并不断迈向高质量教育。而数字化转型是增强教育系统韧性行之有效的思路与取向。教育系统可以应用技术调整教学结构和服务方式，有效应对外部干扰、抵御外部冲击，实现教育的可持续发展。

还需要指出的是，由于外部危机随时可能冲击和影响教育系统，教育系统必须习惯并善于应用数字技术，特别是要从线上线下的混合学习做起，将混合学习作为新常态，同时狠抓数字文化建设，通过教育数字化转型来进一步增强教育系统韧性。

（四）嬗变论

生态系统的概念起源于自然科学领域，用于形容生物科学中各种生物群落与非生物自然因素之间的相互关系及其所构成的各种系统整体。后来，生态系统的概念发展成为一种范式，涵盖了生命与非生命成分之间的复杂的相互作用。生态系统中相互关联、相互作用的概念维度有助于探索生物生态系统对于其他学科的隐喻潜力。教育是社会活动的一个子系统，教育系统可以被看作一个生态系统，通过生态系统来理解教育系统是非常直观的，因为它能让人们认识到正在经营的和研究的是怎样一个复杂的系统，能更好地理解其适应性，使其发挥更大的效用。

教育作为一个复杂的生态系统，具有开放性、多元性、非线性、涌现性、混沌性等特性，在对教育的复杂性问题的认识中，隐含着复杂科学的关联视角。复杂性科学范式假设教育系统本质上是不可预测、不可控制的，并且容易受到缓慢的增量变化和快速变化的事件的影响，初始条件的微小变化会随着时间的推移导致重大差异，从而无法准确预测除最短时间之外的任何事件的结果。这种现象与"蝴蝶效应"相似，即初始条件下微小的变化能带动整个系统长期的、巨大的连锁反应。此外，复杂适应系统理论认为系统演化的动力本质上源于系统内部，微观主体的相互作用可生成宏观的复杂性现象。例如，数字原住民以数字化作为生存与实践的主导方式所形成的数字化需求，拉动了教育系统的内生发展。在复杂系统自组织和适应的概念框架内，发生在主体层面的交互作用，将影响系统持续演化的反馈。

综合来看，一方面，技术并不存在于社会结构之外，技术和社会领域高度交织在一起，并以无数种方式不断地相互创造。技术已经融入社会生态系统中，正改变着我们的生活、工作和学习，驱动社会的数字化转型实践。从生态系统论层次看，教育生态系统内嵌于社会的数字化转型实践中。另一方面，技术在教育系统中具有内在的教学价值，技术可作为教育这一复杂系统的重要组成部分嵌入不同但互补的价值逻辑中，这些逻辑关联着教育系统的运行与发展，触发了教育数字化转型，推进教育生态系统的整体性"蝶变"。

（五）智慧教育论

智慧教育通过构建技术融合的生态化学习环境，借助培植人机协同的数据智慧、教学智慧与文化智慧，本着"精准、个性、优化、协同、思维、创造"的原则，让教师采用高效的教学方法，从而使学生获得个性化学习服务和美好的发展体验，从而培养具有良好的人格品性、较强的行动能力、较好的思维品质、较大的创造潜能的人才。践行智慧教育的理念，需要用技术来构建一个"智慧的"（智能化）学习环境，如智慧终端、智慧教室、智慧校园、智慧实验室、创客空间、智慧教育云。在这个环境条件下，要有相应的教学法，如差异化教学、个性学习、协作学习、群智学习、泛在学习。它的核心是培养智慧型人才，整个教育生态中将"人"这一要素置于中心位置。围绕这一核心思想，以人工智能为代表的数字技术促成了一种以人为中心的智能——人本智能，即将人类置于教育设计、开发、制造、应用与发展的中心。

数字智能时代，"数据—信息—知识—智慧"的数据智慧层次，在一定程度上为信息时代的"智慧教育"架通了技术与智慧之间的桥梁。随着技术的发展，一种以人本智能为核心价值观的教育数字化转型趋势将不可阻挡。发展人本智能的思维方式，能使智慧教育的教育理念和模式具备思想基础和技术条件。智慧教育作为教育发展的高级形态，将以人为本的思想作为教育数字化转型实践的起点和导向，能通过人本智能引领未来教育创变。

第二章　高校英语数字化教学
转型之理论基础

高校英语数字化教学转型需要一定的理论基础，只有在相关理论的支持下，高校英语数字化教学的质量才能获得保证。本章对高校英语数字化教学转型的理论基础问题进行了简要分析与探讨。

第一节　信息技术与课程整合概述

一、信息技术与课程整合的内涵

所谓信息技术与课程整合，就是通过将信息技术有效地融合于各学科课程的教学过程，来营造一种新型的教学环境，实现一种既能发挥教师主导作用又能充分体现学生主体地位的以"自主、探究、合作"为特征的"教"与"学"的方式，从而把学生的主动性、积极性、创造性充分发挥出来，使传统的以教师为中心的课堂教学模式发生根本性变革，从而使学生的创新精神与实践能力的培养工作真正落到实处。

由这一定义可见，它包含三个基本属性：创设新型教学环境、实施新的"教"与"学"的方式、改革传统的教学模式。新型教学环境的创设是为了支持新的"教"与"学"方式，新的"教"与"学"方式是为了改革传统的教学模式，改革传统的教学模式则是为了达到学生创新精神与实践能力培养的目标。可见，"整合"的实质与落脚点是改革传统的教学模式，即改变"以教师为中心"的教学模式，创建新型的既能发挥教师主导作用又能充分体现学生主体地位的"主导—主体"相结合的教学模式。

二、信息技术与课程整合的形式

（一）以知识为中心的课程整合

1. 信息技术作为演示工具

这是信息技术用于教学的最初表现形式，是信息技术和课程整合的最低层次，也是目前高等教育所处的层次。该层次的教学对信息技术的依赖程度较小，学生只能听和看，没有实际操作的机会，在这种情况下，学生的学习是一种被动型学习。①

2. 信息技术作为交流工具

讲授式教学仍然是此层次的主要教学策略，学生仍以个体作业形式完成学习任务，评价方式也与前一层次相同。教师的角色和学生的角色也基本没有变化，但是，教师多了一项工作，那就是对交流活动的组织和管理。

3. 信息技术作为个别辅导工具

在该层次上，多媒体课件实现了教师职能的部分代替，如出题、评定，因此，教学的发生对技术有较强的依赖性。此外，这种形式的教学还能够在一定程度上注意到学生的个别差异，提高学生学习的专注程度。在此层次中，主要采取的教学策略有个别辅导式教学和个别化学习等，虽然教学仍是封闭的、以知识为中心的，但是，学生有了与信息技术接触的机会，对学习有了较高的积极性。

（二）以资源为中心的课程整合

按照学生能力由低到高的培养顺序，可以将此阶段细化为四个层次，每个层次着重培养的能力分别是信息获取和分析能力、信息分析和加工能力、协作能力、探索和创新能力。②

1. 信息技术提供资源环境

该层次主要培养学生获取信息、分析信息的能力，让学生在对大量信息进行筛选的过程中，实现对事物的多层面了解。该层次是所有后续层次教学的基础，在信息社会里，学生只有找到合适的学习资源，才能更好地开展学习活动。

2. 信息技术作为信息加工工具

该层次主要培养学生分析信息、加工信息的能力，强调学生在对大量信息

---

① 赵呈领. 信息技术与课程整合 [M]. 武汉：湖北科学技术出版社，2006.
② 夏洪文. 信息技术与课程整合研究 [M]. 武汉：湖北科学技术出版社，2005.

进行快速提取的过程中，对信息进行重整、加工和再应用。该层次可采用任务式教学策略，在教学过程中，教师要密切注意学生信息加工处理的所有环节，在遇到困难时给予及时的指导和帮助。

3. 信息技术作为协作工具

与个别化学习相比，协作学习有利于促进学生高级认知能力的发展，有助于学生协作意识、技巧、能力、责任心等素质的培养，因而受到了广大教育工作者的普遍关注。计算机网络技术为信息技术和课程整合、协作式学习提供了良好的技术基础和支持环境，计算机网络环境扩大了协作的范围，减少了协作的非必要性精力的支出。

4. 信息技术作为研发工具

虽然我们强调对信息的加工、处理以及协作能力的培养，但最重要的还是要培养学生的探索能力、自己发现问题和解决问题的能力以及创造性思维能力，这才是教育的最终目标。在实现这种目标的教学过程中，信息技术扮演着"研发工具"的角色。探索式教学和问题解决式教学等都是将信息技术作为研发工具的教学模式，并且在教学上取得了一定的成果。

三、信息技术与课程整合的目标

一般来说，信息技术与课程整合的目标可以具体描述为以下几点。

（一）培养学生的信息素养

学生的信息素养包括以下五个方面内容。

（1）信息获取：包括信息发现、信息采集与信息优选。

（2）信息分析：包括信息分类、信息综合、信息查错与信息评价。

（3）信息加工：包括信息的排序与检索、信息的组织与表达、信息的存储与变换以及信息的控制与传输等。

（4）信息利用：包括如何有效地利用信息来解决学习、工作和生活中的各种问题。例如，能不断地自我更新知识、能用新信息提出解决问题的新方案、能适应网络时代的新生活。

（5）信息意识：指对信息的深度感知，如对信息内容的批判与理解能力、运用信息的能力、融入信息社会的能力。

在信息技术与课程整合的过程中，学生必须具备较高的信息素养，否则在教师进行网络教学时，学生很难及时参与其中，也无法高质量地完成学习任务。

（二）培养学生终身学习的态度和能力

培养学生终身学习的态度和能力就是让学生具有主动获取知识的愿望，将学习视为享受而不是负担；能够独立自主地学习，能够自我组织、制订并执行学习计划，并能控制整个学习过程，对学习效果进行自我评估，对自己的学习负责。教师只是学习的指导者、建议者，而不是学习过程的主宰者。

（三）培养学生掌握信息时代的学习方式

信息技术与课程整合，不是把信息技术仅仅作为一种辅助教学的工具，而是强调要利用信息技术来营造一种新型的教学环境，该环境应能支持有着情境创设、启发思考、信息获取、资源共享、多重交互、自主探究、协作学习等多方面要求的教学方式与学习方式，也就是实现一种既能发挥教师主导作用又能充分体现学生主体地位的，以"自主、探究、合作"为特征的"教"与"学"的方式，这样就可以把学生的主动性、积极性、创造性比较充分地发挥出来，也能使传统的以教师为中心的课堂教学模式发生根本性变革。

教学模式变革的主要标志是师生关系与师生地位作用的改变①，伴随着这种改变，学生的创新精神与实践能力培养被真正落到了实处，这正是素质教育目标所要求的。在学习中，学生不再依赖教师，而是能够将传统的接受式学习转变为主动学习、探究学习和研究性学习。同时，学生必须学会利用资源进行学习，学会在数字化情境中进行自主发现的学习，学会利用网络通信工具进行协商交流、合作讨论式的学习，学会利用信息加工工具和创作平台进行实践创造的学习。

（四）培养学生的适应能力、应变能力与解决实际问题的能力

在信息时代，知识量剧增，知识成为社会生产力、经济竞争力的关键因素，知识的更新率加快，陈旧率加大，有效期缩短。另外，知识的高度综合性以及其在各学科间的相互渗透，使更多的新兴学科、交叉学科得以出现，而这些学科及其研究成果又给人们的社会生活、经济生活、政治生活带来了极大的影响。在这种科学技术、社会结构发生剧变的大背景下，一个人的适应能力、应变能力与解决实际问题的能力将变得至关重要。

信息技术与课程整合是培养创新人才的重要途径。信息技术与课程整合所要达到的目标，就是要实现创新人才的培养，这既是素质教育的主要目标，也

---

① 冯改. 大学英语教学模式问题与对策研究 [M]. 北京：中国商务出版社，2017.

是当今世界各国进行新一轮教育改革的主要目标。

第二节 信息技术与高校英语课程整合的优势与基本策略

一、信息技术与高校英语课程整合的优势

(一) 给予学生综合刺激,提高其学习效率

行为主义心理学和行为主义教学理论认为,刺激反应是语言学习必备的条件之一,多种感官同时感知的学习效果要优于单一感知的学习效果。多媒体的超文本技术和超媒体系统可以将有关语音和活动影像的内容组成一体化的电子教材,教师可以将课堂教学内容立体地展现在屏幕上,对学生的各种感官进行综合刺激。从记忆的角度看,人们对动画的记忆程度最高,图片次之,文字最弱。因此,利用多媒体的声、光、色、影俱全的功能,能将静止的图片设计成色彩明快、形象活泼、动作有趣、声音优美的动画,吸引学生的注意力,提高学生的记忆程度。另外,多媒体教学课件呈网状结构,符合人类认知的联想记忆规律,使学生在认识过程中思路清楚,大大提高其学习效率。

(二) 激发学生学习英语的积极性

色彩、形象、动作、声音等是最容易引起学生兴趣的东西。① 信息技术可以根据教学内容的需要,将文字、图像和声音等多种信息同步输出,增强了动态模拟和人机对话双向交流功能,并能及时反馈学生的学习效果。学生在轻松活跃的、立体式的、接近真实的情境中,积极参与互动,体验英语学习的乐趣,在完成意义建构的同时,还能激发其学习英语的积极性。

(三) 培养学生自主学习的能力

计算机辅助教学有利于培养学生的自主性,提高学习效率。机助教学的模式不强求统一的学习进度、同样的学习内容、"一刀切"的教学要求和固定的教学时间,可以给学生充分的自主学习的余地,使他们能根据自己的具体需要、兴趣、学习习惯等决定自己的学习目标、任务、进度和方式,与自主学习

---

① 马雪艳. 现代信息技术和大学英语课程整合的优势 [J]. 大众文艺,2010 (20):248.

的要求相吻合。在计算机辅助教学模式下，学生可以根据各自需要制订学习计划，决定自己投入的时间、完成的学习量及内容、采取的学习方式等，并在学习与探索的过程中确定哪些内容对自己更重要，在实现个性化的"教"与"学"的同时也促进了学生个性的培养和发展。例如，教师可以根据不同学生的学习进度，布置不同的学习任务；学生可以根据自己的实际学习水平和兴趣爱好，选择适合自己学习内容和学习方式，做到有针对性地自主学习。

（四）促进学生英语认知图式的构建

图式理论重视图式作为一种认知构架在理解和交际中的作用，使信息有条不紊地储存在长期记忆中，给预测提供依据。众所周知，交际是一个双向的心理过程，它需要一定的图式作为前提。从某种意义上讲，图式即背景知识，其中文化因素是背景知识的重要方面。信息技术是视频图像、音响、图形和文本借助于计算机硬件和软件而实现的有机结合，再加上对网络资源的充分利用，能够将社会、文化背景等人文因素形象化、具体化，从而有利于学生英语认知图式的构建。

（五）丰富教学资源，增强教学效果

基于信息技术的英语教学在缓解英语师资紧缺、减少英语教师重复劳动方面也发挥着重要作用。信息化教学使大班授课辅导成为可能，也因此能够减轻大学英语教师的教学负担。信息化教学可以帮助教师将大量的教学信息具体化、形象化地传递给学生，丰富了教学内容，增强了教学效果。

（六）促使英语教师角色的转变

传统意义上的英语教师是讲授型的，而在信息时代，要想做一名合格的英语教师，除了具备讲授专业知识的能力与技能外，最主要的是要用科学的研究方法和技术观察分析自己的教育行动，促成教学的反思，最终完善自己的教学计划，在教学过程中采用全新的教育思想、教学模式、教学方法和教学设计。唯有如此，英语教师才能跟上信息时代英语教学的发展步伐，充分利用现代信息技术革命带来的便利，促使高校英语教育事业迈上新的台阶。

二、信息技术与高校英语课程整合的基本策略

(一) 以先进的教育理念为指导

为了实现信息技术与高校英语课程整合的目标，必须运用先进的教育理论，特别是建构主义理论。信息技术与高校英语课程整合的过程绝不仅仅是现代信息技术手段运用的过程，还是深化高校英语教学改革的过程。

(二) 以建立新型的教学模式为中心

信息技术与高校英语课程整合的实质与基础是变革传统的英语教学模式，即改变以教师为中心的教学结构，创建新型的、既能发挥教师主导作用又能充分体现学生主体地位的"主导—主体"相结合的教学模式。这就要求教师在进行课程整合的过程中，密切关注教学系统四个要素（教师、学生、教学内容、教学媒体）的地位与作用。

(三) 坚持"学教并重"的教学设计理论

目前流行的教学设计理论主要有"以教为主"的教学设计和"以学为主"的教学设计两大类，后者也被称为建构主义学习环境下的教学设计。由于这两种教学设计理论均有其各自的优势与不足，所以最好是将二者结合起来，形成优势互补的"学教并重"的教学设计理论。这种理论既重视发挥教师的主导作用，又充分凸显了学生的主体地位。

在运用"学教并重"理论进行教学设计时，以计算机为核心的，包括多媒体和计算机网络技术在内的信息技术，就不单单是辅助教师教课的形象化教学工具，还是促进学生自主学习的认知工具与协作交流工具。可见，建构主义学习环境下的教学设计理论，能在信息技术与高校英语课程整合中发挥重要的指导作用。

(四) 重视教学资源的建设

丰富而高质量的教学资源，是实现课程整合的必要前提，是学生自主学习、自主发现和自主探索必不可少的条件，也是改变教师主宰课堂、学生被动接受知识这种状态的要求。缺少了这个条件，新型教学模式的创建便无从说起，创新人才的培养也无法实现。

在进行英语教学资源建设时，广大教师应努力搜集、整理和充分利用互联网上的已有资源。

（五）注意结合学科的特点

新型教学模式的创建要通过全新的教学结构来实现。教学结构属于教学方法、教学策略的范畴，但又不完全等同于教学方法或教学策略。教学方法或教学策略一般是指教学上采用的单一的方法或策略，而教学结构则是指两种或两种以上教学方法或教学策略的稳定组合。

在英语教学过程中，为了实现某种预期的效果或目标，创建新型的英语教学模式，往往要综合运用多种不同的方法与策略。当这些教学方法与策略的联合运用能够达到预期的效果或目标时，就成为一种有效的教学结构。

在英语教学中，教师应结合学科特点，通过信息技术与英语课程的深层次整合去创建新型的、既能发挥教师主导作用又能充分体现学生主体地位的"主导—主体"相结合的教学模式。

第三节　信息技术与高校英语课程整合的教学模式探讨

一、探究性教学模式

（一）界定探究性教学模式

探究性教学模式与传统的以教师为中心的教学模式不同，它提倡在实际的课堂教学中，以教师为主导，以学生为主体，要求学生对课堂教学的内容进行自主性、主动性、探究性的学习和交流，这样才能更好地实现认知与情感的相关目标。在高校英语教学信息技术与课程整合中，学生英语基础知识及技能的获得、道德修养的形成、学习态度的养成等，都可以借助探究性教学模式加以实施与实现。

（二）探究性教学模式的实施步骤

探究性教学模式在信息技术与英语课程整合的过程中起着重要的作用。关于这一模式的实施，有着具体的实施步骤。

（1）创设情境。实施探究性教学模式的第一步就是创设情境。创设情境是探究性教学的基础，也是学生发挥主动性、创造性和探究性的前提。创设情境的方式不拘一格，教师可以向学生提出一个能够运用原有知识进行解决的探究性问题，也可以制作一个与当前学习主题相关的课件，还可以利用生活中常见的实例抛出问题等。在具体实施时需要注意的是，教师一定不能偏离当前学习的主题，要在贴合主题的基础上创设情境，这样才能激发学生探究问题的兴趣。

（2）启发思考。教师可以根据学习的主题提出一些具有启发性的问题。应该注意的是，在这一阶段，教师应该鼓励学生带着问题去寻找答案，学生在寻找答案的过程中，可以实现对知识的学习和掌握。另外，教师还应该给学生提供解决问题的认知工具以及处理新问题的建议，以使学生快速地掌握知识。

（3）自主学习与自主探究。自主学习与自主探究的过程，其实就是学生对在启发思考阶段教师提供的认知工具以及学习资源加以利用的过程。在这一阶段，学生主要对教师提出的与主题相关的问题进行自主学习和自主探究。而教师应该做的是，观察学生在自主学习和探究中的表现，并指导学生如何快速地、有效地选取和利用认知工具以及如何选择与利用有效的学习资源等，这是教师发挥主导作用的一种表现。

（4）协作交流。为了强化学生对知识的记忆，教师应该让学生在小组或班级内自由讨论，互相交流心得体会，对知识进行深度消化，对学习内容的把握也会更加精确。教师在此时的作用是为学生提供协作交流的工具，把自由讨论的组织方式、合作技巧等讲解给学生，鼓励学生大胆发表自己的意见，同时，在学生交流的过程中，可以给予学生适当的指导。

（5）总结提高。探究性教学模式实施之后教师应该对其进行总结提高，这一环节的主要目的是找出探究性教学模式的不足之处，以便教师在后面的教学中进行改善。在探究性教学模式实施的过程中有可能会出现一些突发情况，所以教学之后的总结是很有必要的。教师应该将教学过程中出现的问题及时记录下来，在后期找出解决办法；学生应该将学习中遇到的问题及时反馈给教师，使教师了解学生的学习情况，同时学生之间也需要进行相互评价。

二、实时化学习的教学模式

该教学模式是指在局域网或宽带网上进行的实时播放式的英语教学模式，主要分为同步式和异步式两种讲授形式。同步式是指教师通过 Web 服务器呈现英语教学内容，通过话筒进行讲解，并使学生同步浏览这些内容。该服务器将反馈信息给教师，教师可根据学生的反馈信息做进一步的解释和应答。异步式是指教师利用 WWW 服务及电子邮件服务将英语教学要求、课程信息、授课讲义、家庭作业以及英语教学测评和补充内容等上传到服务器，学生通过浏览这些页面来达到学习的目的。当学生遇到疑难问题时，可用电子邮件或在师生讨论区询问教师，教师及时对学生的疑难问题给予解答。这种教学模式比较实用，技术也相对简单，易于操作和实践，能有效地达到双方或多方实时交互。

三、个性化学习的教学模式

该教学模式是指将各种资料（如授课讲义、背景知识、课程信息）以文件资料库的形式存放在 Internet 上，供学生直接网上阅览，进行个性化学习，这是一种以学生为中心的教学模式。在这种模式中，Internet 所起的作用类似于资料库，实现这种作用的主要技术是 FTP 服务（上传服务）。教师可以通过电子邮件或在师生讨论区进行个别指导，这种教学模式可以做到因材施教，有针对性地辅导学生。教学的整个流程为阐明学习任务和要求—学生自学—讨论交流—教师启发答疑—练习总结。

四、讨论式学习的教学模式

该教学模式是指在 WWW 的平台上实现交流服务，通过浏览器来进行讨论。该服务具有支持多名师生参加讨论、支持学生选择对象、进行公开或私下讨论、支持共享白板等功能。这种模式需要教师专门监控，即在站点上建立相应的主题讨论组，学生可以在自己学习的主题范围区内自由发言，并针对别人的意见和观点进行评论。需要指出的是，所有的教学环节应紧紧围绕一个讨论主题来进行。当然，讨论的主题可由教师或讨论小组的组长提供。在讨论过程中，教师要倾听学生的发言，并对讨论的话题进行正确的引导，最后要对整个讨论过程做总结。

五、研究性学习模式

（一）界定研究性学习

学生根据教师的指导，在所处的环境中进行研究就是研究性学习。在这个学习过程中，学生发挥主观能动性，在知识的获取方面有很大的主动性，他们在知识的获取与理解过程中都是主动参与的。研究性学习是以问题为中心、采取小组合作的方式进行研究，与科研课题的研究很相似，所以学生在学习时，能够培养探索能力和解决问题的能力。研究性学习模式是学生主体性较强的学习模式，学生有较大的主动性，教师通过灵活多变的学习方式激发学生的学习热情，有助于学习活动的进行。在此过程中，教师还要注重培养学生的创新精神和实施能力。

（二）研究性学习教学模式的实施步骤

在建构主义理论中，学习就是为了获得知识，学生在一定的环境中，通过教师的帮助获得自己所需要的知识，而不是通过教师传授得到知识。建构主义教学实质上是一个研究和再发现的过程，通过不断的研究达到学习目的。要达到学习目的，就要有科学的学习方法。

教师应当在教学过程中采用全新的教学模式，摒弃传统的、以教师为中心的教学方法，采用全新的教学方法，运用全新的教学设计理念，创设适应建构主义理论需求的学习环境、教学模式、教学方法和教学设计。建构主义理论下的研究性学习教学模式通常包含五个实施步骤。

1. 提出问题

这是研究性学习教学模式的第一个步骤，教师先设置一个问题情境，然后引导学生发现并提出问题，激发学生的探索兴趣，并确立要研究的主题。

2. 分析问题

研究性学习教学模式的第二个步骤是分析问题，问题提出以后就要对问题进行分析，教师先介绍分析问题的方法，如由点及面、由浅入深、换位思考；然后教师把不同性质的研究方法讲授给学生，让学生选择适合自己问题的研究方法，如问卷调查法、文献调研法；最后，教师要对研究性学习的策略给出具体建议与指导。因为研究性学习的对象具有一定的复杂性，所以在此环节中，教师应随时给予学生引导和帮助。

3. 解决问题

研究性学习教学模式的第三个步骤是解决问题，这个步骤包括两个环节：一是初步方案，二是优化方案，这两个方案是为了更好地解决问题而设立的。在这个环节中，研究性学习的主体并不是固定的，它可以是学生个人，也可以是由众多学生组成的学习小组，以上两个研究主体可以分别进行探索和学习活动，只不过二者之间存在"自我协商"和"相互协商"的区别。一般来说，"自我协商"集中在学习活动的第一个环节中，这个环节主要由学生通过自身的独立思考和深入分析提出解决问题的初步方案；"相互协商"则集中在学习活动的第二个环节，即学习小组各成员就第一个环节中提出的解决问题的方案进行协商，并在此基础上得出一个更加优化的成果。

4. 实施解决问题方案

为了节约学习成本，避免不必要的浪费，在实施解决问题方案的过程中，教师要注意做好形成性评价，及时收集反馈信息，经常进行反思。根据真实问题的实施情况，随时调整或修正解决问题的方案。

5. 总结提高

研究性学习教学模式的总结包括个人总结、小组总结和教师总结。小组总结应以个人总结为基础，教师总结应以个人和小组总结为基础。教师的总结需要帮助学生把对客观事物的认识由感性上升到理性，丰富与完善他们对科学概念与原理的认识，培养学生全面、系统、完整的认知能力，使每位学生都能做到知其然，更知其所以然。

研究性学习教学模式有着丰富的理论基础，其中就包括建构主义。研究性学习的开展少不了建构主义的理论支撑，同样，建构主义的完善也离不开研究性学习的实践，二者相辅相成，相互促进，共同发展。

（三）研究性学习教学模式下英语教学思考

研究性学习的教学过程使师生都获益匪浅。以内容为依托的研究性学习一改传统的教师"一言堂"教学模式，使学生从始至终都能积极参与学习。研究性学习注重学习过程，在学习中学生持续进行"联系"与"思考"活动，创新思想和思辨能力得到强化，形成多视角、多元化、自主性的思考习惯。开展研究性学习需要学生之间的相互分工与协作，通过课内外的协作性学习，学生的团队合作意识得到加强，人际沟通能力得到提升。这些能力的养成对于学生毕业之后尽快融入社会环境、建立良好的人际关系、顺利开展工作是十分有益的。下面我们对研究性学习教学模式的实践进行总结，拟从几个不同的方面分析和探讨这一教学模式实践的过程中需要注意的问题。

1. 教学观念的转变和教师角色的定位

研究性学习教学模式与传统的以教师为中心的教学模式有很大不同，其强调以学生为中心，提倡学生在教师指导下的自主学习。要改变学生的学习方式，首先要从改变教师的教学方式出发。教师作为教学活动中的主要参与者之一，其教学观念和教学行为都会对学生的学习方式产生很大影响，因而教学方式的改变才是开展研究性学习的基础。教师教学方式的改变体现在教学的方方面面，但其中最重要的一点就是转换自己教学主导的角色，尽量与学生在一个平等的环境中沟通，让学生感受到其作为学习主体的重要性。只有让学生充分发挥主体作用，研究性学习的效果才能得到保证。教师在备课过程中也应该时时想着学生，从学生的水平、视角出发设计问题，引导学生开展学习研究。研究性学习对教师的备课质量、内容要求更高，教师备课的重点是"备学生"而不是"备书本"。

研究性学习不同于传统的教学和学习方法，虽然其有着建构主义的理论基础，但是要想使其各个环节具备可行性和操作性，还需要大量其他的理论指导，这种理论指导单单依靠自我学习是远远不够的，教师必须经过系统的培训才能全面掌握有关研究性学习的教学理论、教学方法和教学管理方式等。教师应自觉主动地转变角色——从教学活动的主导者和包办者转换成教学活动的引导者和帮助者，从主角转向配角，从讲台深入课堂，教学活动设计的方方面面都以学生为主，努力为学生营造自由发挥、自我控制、自我协调、自主学习的平台。

2. 学生的中心地位和自主学习

为了确保研究性学习的顺利进行，教师在教学中要做到以学生为中心，并不断提高学生自主学习的能力，同时对学生有全面细致的了解，这样才能在各个层面为学生提供细致入微的引导和帮助，对学生的研究性学习给予充分的支持。

3. 教学机制和学习资源的配套建设

研究性学习教学模式的推广和完善是一个系统工程，这一教学模式的确立不但需要任课教师的参与和投入，同时也需要学校其他管理部门的支持和配合。从课程体系的角度看，研究性学习首先要抓住一个前提，即确立研究性课程体系，在这个体系基础上开展的研究性学习活动才是正确的、有理论保障的。确立课程体系首先要明确研究性学习的首要目标是培养学生的创新意识和自主学习能力，强调知识学习的综合性、过程性、创新性和应用性。从教学评价的角度看，研究性学习需要建立配套的形成性和过程性评价体系，注重对学习者实际能力和综合素质的考查。

从研究性课程的内容看，课程提供的知识应具有交叉性、前瞻性和多元性等特点，这就要求教师具备丰富多元的知识结构。可见，建构主义理念下的研究型教学对教师的素质和教学基本功都提出了更高的要求。为了提高教师的综合素质与教学能力，学校要鼓励教师开展研究性学习的教学实践，聘请专家学者对教师定期进行培训，让教师走出校门，接触社会、接触生活，开阔眼界，掌握学科发展变化的前沿性信息，拓展研究性学习资源渠道。

六、协作式学习的教学模式

该教学模式是指利用计算机网络以及多媒体等相关技术，由多名学生针对同一学习内容互相合作，促使其对教学内容具有深刻理解与掌握的教学模式。在基于 Internet 网络的协作学习过程中，基本的协作模式有四种，即竞争、协同、伙伴与角色扮演。不管处于哪种协作模式，学生首先要有一个明确的学习目标。学习目标决定学习的内容，同时也是对学习效果进行评价的标准，学习目标应细化到个人。教师结合学生的学习成绩、知识结构、认知能力等方面，分析网络环境，帮助学生制订合作学习计划和适合自己的学习策略；同时，划分出协作小组，在互帮互助的氛围中展开网上合作与探索。小组成员在获得所需信息后，即可与其他小组成员进行讨论交流，就有分歧的问题达成共识。在组织学习时，要以个别学习为基础，合作学习为支架，竞争学习为辅助，实行优势互补、有机结合，在同伴式的密切沟通与积极协作过程中，加强学生对学习内容的深刻理解和自然领悟。学生在达成共识后，由小组成员向全班汇报学习成果，教师和其他组的学生可以对他们的成果进行评价，同时提出意见和建议。

第四节　信息技术与高校英语课程整合的教学设计

一、认识信息技术与高校英语课程整合教学设计

信息技术与英语课程整合的教学设计是从教师的视角出发对教学提出的新要求。教师作为教学活动中的指导者，首先必须具备丰富的理论基础，这种理论基础不但包括相关的教育理念，还包括长久积累下来的教学经验，只有具备这些基本素质，教师才能更好地指导学生，这同时也是课堂整合教学开展的前提。

信息化教学设计最关键的一点就是将信息技术有机融入课堂整合中，教师利用信息技术，设计相关的英语教学活动和教学评价等环节，充分发挥信息技术为英语课堂教学服务的作用。

但是，教师要注意的是，信息技术起到的是辅助英语教学的作用，不能把整个教学活动完全依托于信息技术，要将英语课堂教学设计得更加灵活。

二、信息技术与高校英语课程整合的教学设计原则

任何教学设计都要遵循一定的原则，只有在相关原则的指导下，教学设计才能更具合理性与可行性，信息技术与英语课程整合教学设计也不例外，其不但要坚持建构主义理论的指导，更要充分利用现代信息技术。总体来说，信息技术与英语课程整合教学设计要遵循以下三个原则。

（一）强调以学为中心

教师的"教"与学生的"学"是整个教学活动中的两大组成部分，教师

的"教"很关键，它关系到学生能学到什么样的知识内容，但学生的"学"才是最重要的组成部分，教师教学就是为了培养学生解决问题的能力，让学生具备一定的学习策略与技能。在这个过程中，教师可以为学生创设丰富具体的教学情境，让学生在趋于真实的环境中学习。另外，教师要适度发挥引导和反馈作用，采取建立学习网站、开展多媒体教学等形式，帮助学生解决学习过程中遇到的困难。

（二）强调协作学习

信息时代，每个人获取的信息越来越多，但是人作为一个单独的个体，信息接收量是有限的，这时就需要开展协作学习。协作学习不仅存在于学生与学生之间、教师与学生之间，更存在于教师与教师之间。在教学过程中扮演不同角色的人通过信息的沟通，进一步推进教学管理、教学评估的发展。

（三）强调针对学习过程和学习资源的评价

传统的教学方法往往注重终结性评价，以一纸试卷评判学生的学习成果，信息技术与课堂整合教学作为信息时代全新的教学模式，是从学习过程出发，以学生在学习过程中获得的知识、技能、方法等为依据，对学习过程做出合理的过程性评价。除此之外，这种评价方式还对学习资源，如教学材料、教学环境、资料库，进行了相关的质量评估。

三、信息技术与高校英语课程整合的教学设计呈现

（一）确定教学目标

信息技术与高校英语课程整合教学设计的第一步是确定教学目标。教学目标制定的依据是教学目的、学生需求评估、现实问题、工作分析或其他一些因素。

在当前的信息化环境下，现代教育的发展越来越追求高阶认知目标的达成，在提升知识传递效率的基础之上关注学生能力发展，同时兼顾低阶、高阶目标的实现和达成。因此，在进行信息技术与高校英语课程整合设计时，可以以本杰明·布鲁姆（Benjamin Bloom）的教学目标作为依据，从而确定认知、情感和动作技能三个层面的教学目标。

（二）进行教学分析

教师需要确定目标中包含的学习类型，以及分析完成目标任务所需要的步

骤和技术需求，这样才能确定学生完成目标需要的能力以及这些能力之间的关系。当前，由于知识体系不断扩充以及对学生能力要求的不断提升，教师应该使用可视化软件，将知识、能力直观地表述出来，从整体视角关注学生所需的英语知识以及能力体系。

（三）分析学生与情境

在教学前，教师必须明确知晓学生已经具备的知识或技能，针对先前制定的教学目标，分析学生应该具备何种基础知识或技能。同时，教师还应该明确在教学中可能会影响学生的一些学习特征，如学习态度、学习习惯。

在当前大数据技术、学习分析技术迅猛发展的情况下，课前诊断成为分析学生、情境的一种重要手段，课前，教师借助电子问卷、教学平台测试等工具，掌握学生的学习情况，从而更好地把控课堂教学。在把握学生的学情后，教学设计则向着给学生提供更精细的服务的方向发展，这一发展目标可以通过设计不同难度的教学内容来实现。

（四）陈述行为目标

在进行教学分析和学生基础分析后，教师应该详细描述在教学任务完成后学生能做什么。这部分内容包括学生将要学习的行为、行为发生的条件以及完成任务的标准。

（五）编制标准参照测验

测验项目测量的内容应覆盖以上陈述行为目标中所揭示的学生习得能力。教师在设计测验项目时应注意与行为目标保持一致。

（六）选择或开发教学策略

在这个环节中，教师要考虑如何选择或开发教学策略，如教学前或教学后的学生活动安排，知识内容呈现的顺序、方式，练习与反馈的提供。教学策略的选择应该根据现有的学习原理和规律、教学目标、教学内容和学习特征等因素而定。

当前，信息化环境下的教学策略呈现多元化发展趋势，以学生为中心的自主、合作、探究等教学策略进入课堂，学生主体性得到充分体现。课堂教学活动不再仅仅是讲授，还有翻转课堂、基于情境探究、小组合作等多种教学策略。

（七）设计和选择教学材料

在确定运用的教学策略之后，教师需要考虑采用何种教学材料开展何种教学活动，如材料准备、测验和教师的指导。选择这些材料、活动是以可利用的教学手段、教学素材和教学资源等为基础。

当前，随着网络技术的迅速发展，网络平台涌现出大量优质的课程资源，如可汗学院、MOOC，这些平台汇集了来自世界各地一流名校的课程，这些课程可为广大师生提供丰富的教学资源。

此外，数字教材技术的发展同样也为教学材料的设计和选择提供了极大便利，其优越性体现在形象表述及媒体交互性增强了学生阅读的体验，而且数字教材教学内容的修订和完善速度比纸质版教材更快。因此，教师在设计和选择教学材料时，不仅应该关注传统教材，还应该充分关注更多优质的数字化资源，扩充现有的知识体系，以提升教学内容的丰富度。

（八）设计和进行形成性评价

形成性评价形式可以是个体、小组和全班的测试。每一种评价结果都为设计者提供了可用于改进教学的数据或信息。课堂中，教师结合教学活动应用数字化教学平台开展测试，进行形成性评价，依据学生在课堂中的学习行为记录、反馈记录、互动记录、资源记录等数据快速形成诊断报告，从而了解学生的知识掌握及学习情况，及时调整教学方式。

（九）修改教学

在形成性评价之后，教师总结和整理所收集的数据，明确学生遇到的问题以及发生这些问题的原因，并修改教学步骤、优化教学设计。此环节还包括对行为目标进行重新制定或陈述，改进教学策略、方法，从而开展有效教学、提升教学效果。

（十）设计和进行总结性评价

总结性评价是确定教学是否有效的关键步骤，这个步骤评价教学的绝对价值和相对价值，是教学结束时所进行的活动。教师通常最终以测试的形式进行评价，并呈现评价结果。

在大数据技术支持下的学习分析与诊断能够从定量角度分析教学的有效性，诊断学生学习目标的达成度，从而帮助教师把握教学情况，进一步完善教学设计。除此之外，在信息技术环境下，教师能够实现总结性评价结果的快速展现，并将结果及时反馈给学生。教师在课程结束时，对学生进行试卷检测，目的是检测学生对知识点的掌握情况，学生答题结束后，系统很快就会形成诊断报告，教师将所有的报告收集起来，就能从整体上了解全班的学习水平。

第三章 高校英语数字化教学
转型之技术基础

网络化时代，数字技术的发展使教育不断发生新的转变。本章主要研究高校英语与数字化技术的结合，以求寻找新的教学模式。

第一节 多媒体技术支撑下的高校英语教学

一、多媒体技术的相关概念

（一）多媒体技术概述

多媒体技术是指能够同时获取、处理、编辑、存储和展示两个以上不同类型信息媒体的技术。多媒体一词译自英文"Multimedia"，是由 multiple 和 media 复合而成的。多媒体技术是一种把文本（Text）、图形（Graphic）、图像（Image）、动画（Animation）和声音（Sound）等形式的信息结合在一起，并通过计算机进行综合处理和控制，能支持完成一系列交互式操作的信息技术。

媒体（Media）在计算机领域有两种含义：一是指存储信息的实体，如磁盘、光盘、磁带、半导体存储器；二是指传递信息的载体，如数字、文字、声音、图形和图像，多媒体技术中的媒体是指后者。媒体的概念范围是相当广泛的，按照信息表现形式的不同，国际电报电话咨询委员会（CCITT）对媒体进行了如下内容的分类。

（1）感觉媒体（Perception Medium）：直接作用于人的感官使之产生感觉的媒体，如语言、音乐、图形、动画、数据、文字都是感觉媒体。

（2）表示媒体（Representation Medium）：指传输感觉媒体的中介媒体，

即用于计算机和通信中数据交换的二进制编码，如静态和动态图像编码（JPEG、MPEG等）、文本、汉字编码和声音编码。

（3）表现媒体（Presentation Medium）：指进行信息输入和输出的媒体，如键盘、鼠标、扫描仪、传声器、摄像机为输入媒体，显示器、打印机、扬声器为输出媒体。

（4）存储媒体（Storage Medium）：用于存储表示媒体的物理介质，即用于存放感觉媒体数字化代码的媒体，如磁盘、磁带、光盘、纸张。

（5）传输媒体（Transmission Medium）：指传输信号的物理载体，如同轴电缆、双绞线、光纤以及电磁波等都是传输媒体。

（二）多媒体技术的特点

多媒体技术利用计算机技术将各种媒体以数字化的方式集成在一起，从而使计算机具有了表现、处理、存储多种媒体信息的综合能力。多媒体技术有以下几个主要特点。

1. 集成性

多媒体技术是多种媒体的有机集成，集文本、图形、图像、视频、语音于一体，采用多种途径获取信息，并对信息进化集成化处理。多媒体技术的集成性还包括媒体设备的集成，多媒体系统不仅包括计算机本身，还包括电视、音响、录像机等设备。

2. 协同性

每一种媒体都有其自身规律，各种媒体之间必须有机配合才能协调一致。多种媒体之间的协调以及时间、空间的协调应符合人的自然交流方式，这是多媒体的关键技术。

3. 交互性

交互性是多媒体有别于传统信息交流媒体的主要特点之一。传统信息交流媒体只能单向地、被动地传播信息，多媒体技术则可以实现人对信息的主动选择和控制。用户可以按照自己的需要、兴趣、任务要求、偏爱和认知特点来使用信息，获取图片、文字、声音等信息表现形式。

4. 数字化

多媒体信息都是以数字的形式进行存储和处理，而不是传统的模拟信号方式。数字化给多媒体带来的好处是：数字不仅易于进行加密、压缩等数值运算，还可提高信息的安全与处理速度。

5. 实时性

多媒体信息中的音频、视频信息是与时间密切相关的，这就要求多媒体技术能支持实时处理，如播放视频时不应出现画面停顿现象。

6. 数据量大

一分钟的 MPEG1 压缩视频大约需要 10 MB 的存储空间。所以，多媒体信息的处理需要大容量的存储设备。

7. 要求传输速度高

对于 MEPG-1 的压缩视频文件，至少要满足数据传输率为 1.5 Mbit/s 的要求。对于单个用户来说这不算什么，但对于 Internet 亿万用户来说，网络就会变得非常"拥挤"。大量多媒体信息在网络上的传输问题促进了数据压缩技术和网络技术的发展。

二、多媒体技术在高校英语教学中应用的意义

（一）提高学生英语学习的兴趣

一直以来，高校英语教学中，学生只是知识的接收者，学习英语的主要目的只是为了考试，学生学习英语的兴趣并不高。加之高校阶段的英语知识难度比较大，如果教师教学方式枯燥，学生学习的积极性就会受到严重的影响。而使用多媒体技术开展英语教学，通过图片、视频以及动画等形式指导学生学习英语内容，教学内容会更加生动，能够提高学生的代入感，强化学生的英语学习兴趣。

（二）丰富学生的文化视野

思想是语言的载体，语言不可能单独存在。高校英语教材中涉及很多社会文化知识，教师在教学中可以以此为切入点，让学生对文章背后的文化内容进行感悟和理解。教师可以利用多媒体技术，指导学生搜集相关的背景资料以及内容，补充教材内容，通过多样化的信息提供使学生的自主学习意识得以增强，开拓学生的文化视野。①

（三）强化学生的听说能力

在高校英语教学中使用多媒体技术为学生创设教学情境，能够对学生的感

---

① 郑旭. 多媒体技术在高校英语教学中的问题及优化措施［J］. 新教育时代电子杂志（教师版），2020（34）：158.

官产生刺激，给学生以身临其境之感。多媒体技术的运用能够展示正宗的英语发音让学生模仿，并且能够创设相对真实的英语语言情境，这对于学生英语听说能力的提升是极为有利的。

（四）开展丰富的英语交流活动

高校英语教学的主要目的是培养学生的听说读写能力，为学生在今后的学习工作中流畅地使用英语奠定基础。在高校英语教学中，为了提高教学效果，强化学生的英语能力，教师应充分利用多媒体技术的优势，组织学生开展多样化的英语活动，为学生提供更多英语交流的机会，强化学生的英语水平。

三、多媒体技术在高校英语教学的特点与难点

（一）多媒体技术应用于高校英语教学的特点

现代高校英语教学属于英语应用阶段的教学，其最主要的是让学生将英语运用于实际生活中。多媒体作为一种能够将多种教学资源进行融合的现代教学手段，可以对现有的高校英语教学环境和水平进行有效的完善和提升。

（1）多媒体技术在高校英语教学中的应用，最重要的是为教师的英语教学提供一个数字化、信息化的技术性教学平台。通过多媒体教学平台的使用，将图像、音频、视频、文字等教学内容和资源进行多种样式的组合。例如，将课本内容制作成多媒体教学课件，教师直接按照课件内容进行讲解，不仅能够节约课堂时间，还能让学生通过对立体化的教学内容的浏览，提升英语学习效率。

（2）多媒体技术能够将英语教学中的音频、视频、图像等内容呈现出来，教师可以给学生播放原版的音乐视频或音频。此外，还能通过多媒体平台实现人机对话，以此锻炼学生的英语听力和口语能力。这种呈现方式比原来单一的播放音频磁带或者由教师朗读的方式生动得多，能够让学生更好地融入英语学习氛围中，对提高英语课堂教学效率有一定的积极作用。

（3）多媒体教学平台能够将丰富多样的网络资源运用到英语教学中，方便学生观看与英语相关的内容，更好地让学生了解英语的使用语境，同时拓宽视野。[①]

---

① 周雪琛. 多媒体技术在现代高校英语教学中的应用［J］. 考试周刊，2015（74）：99.

（二）多媒体技术在高校英语教学中的应用难点

随着我国高校教学水平的不断提升，目前多媒体技术已在全国绝大部分地区的高校课堂教学中得到推广。但是，我们应该看到，目前多媒体技术在高校英语教学中的应用仍然存在一些难点需要克服。

（1）多媒体技术作为一种教学手段，应用于高校英语教学中是非常合适的，但是也存在教师在教学过程中过于依赖多媒体技术，将英语课堂教学活动变成多媒体技术展示的情况。这种本末倒置的教学模式不仅不会取得好的教学效果，反而会让学生在课堂教学过程中迷失学习的方向。

（2）多媒体技术在英语教学中的应用主要依靠教师操作，再加上教师的讲解，课堂几乎成为教师的"主场"，学生则成为被动接受者，这不仅忽视了学生在课堂教学中的主体地位，而且也忽视了英语教学最重要的交流和应用。单一地观看幻灯片，学生的主体地位无法得到体现，这与填鸭式的教学方式并没有本质上的不同，只是单纯多了一项多媒体技术而已。学生在英语课堂上被动接收，其学到的知识不能在有效的时间内得到良好的吸收和转化，久而久之，多媒体课堂教学的效果也会大打折扣。

四、多媒体技术在高校英语教学中的应用策略

（一）科学确定知识讲授量，强化教师的主导性

在高校英语教学中使用多媒体技术时，英语教师需要备好课，把握好英语教学的重难点内容，在课堂教学中确定合适的知识量，强化教师的主导性，明确教师、教材以及多媒体教学之间的关系，使多媒体技术的作用得以充分发挥，使学生能够更好地理解和吸收教学内容，在课堂教学中为学生提供更多的自主学习和思考的时间，使英语课堂教学效果得以全面优化与提升，保证高校英语教学计划以及课堂目标顺利实现。

（二）注重课件内容，避免过于花哨

在高校英语教学中，英语教师应充分利用自己多年的教学经验，注重多媒体课件的制作，使课件内容能够凸显特色；同时避免课件过于花哨，分散学生的注意力。高校英语教师在制作多媒体课件时，需要充分利用多媒体图文并茂、动静结合的特点，使教学内容更加生动、丰富，使制作的课件更加适应高校英语教学特色的需要，促进高校英语教学效果的提高，全面提升学生的英语综合素质能力。

（三）加强课堂互动，强化情感沟通

在使用多媒体技术进行教学时，教师与学生之间交流互动的时间减少，这也会使教师的感染力受到影响。但是教师可以通过多媒体课件加强教学内容的吸引力，组织学生以小组的形式进行课堂讨论，实现学生与学生之间的互动。[①] 高校英语进行多媒体教学能够使信息更加多元化，情境更加真实，转变了传统单一的教学模式，使学生焦虑的情绪得到缓解。若教师在教学中能够以饱满、积极的热情感染学生，英语课堂氛围就会更加活跃、轻松。

（四）强化思维训练，提升学生的自主意识

当前高校教育改革不断推进，高校英语教学应积极借助网络技术手段，构建多媒体教学体系，实现网络化的学习模式。在制作英语多媒体课件时，英语教师应以思维训练和发展作为英语课件制作设计的出发点，调动学生的积极性，让学生勤动嘴、勤动脑，积极参与其中，为学生提供更多思考的机会和空间。在课堂教学过程中，教师要将传统的英语教学内容与多媒体课件相结合，及时调整教学方式，实现教师与学生之间的角色转换。

第二节　大数据技术支撑下的高校英语教学

一、大数据技术概述

随着大数据时代的到来，大数据已经成为信息技术领域关注的焦点。大数据作为人工智能、数字经济等战略发展的重要推手，推动着信息技术快速发展。当前，我国众多高校都开设了数据科学与技术、大数据技术等专业，显然，大数据技术已经成为信息技术人才培养的关键。

大家谈的大数据，并非指数据本身，而是数据和大数据技术两者的综合。所谓大数据技术，是指伴随着大数据采集、存储、分析和应用的相关技术，是一系列使用非传统工具对大量的结构化、半结构化和非结构化数据进行处理，从而获得分析和预测结果的一系列数据处理和分析技术。

大数据技术主要包括数据采集、存储管理、处理分析、结果呈现等环节。

---

① 关丽. 探究多媒体技术在高校英语教学中的应用 [J]. 教育现代化，2019（32）：85.

因此，从大数据的全生命周期来看，大数据的关键技术包括数据采集与预处理、数据存储和管理、数据处理与分析、数据展现和应用等。

1. 数据采集与预处理

由于大数据来源广泛，数据类型丰富，所以数据的质量存在很大的差异，严重影响到数据的可用性。可以利用 ETL（Extraction-Transformation-Loading）工具将分布式的异构数据源中的数据抽取到临时中间层后再进行清洗、转换、集成，最后加载到数据仓库中，成为后续联机分析处理、数据挖掘的基础；也可以利用日志采集工具（如 Flume、Kafka）把实时采集的数据进行实时处理分析。

2. 数据存储和管理

大数据存储规模大，存储管理复杂，需要兼顾结构化、非结构化和半结构化的数据，可以利用分布式文件系统、分布式数据库等，实现对结构化、非结构化和半结构化数据的存储和管理。在大数据存储和管理技术方面，谷歌起步比较早，其自行开发了 GFS，随着发展的需要又出现了第二代 GFS。而微软自行开发的分布式计算平台 Cosmos，能够存储和分析大规模数据集，其宗旨是能够在成千上万台服务器集群上运行。

3. 数据处理与分析

数据类型的多样性决定了大数据处理多样性的需求。利用多种技术，如大数据查询分析计算、批处理计算、流式计算、迭代计算，实现对海量数据的处理。数据的分析离不开对数据的挖掘，大数据也不例外，其对自动化分析的要求也越来越高。因此，越来越多的大数据分析工具及产品（如基于 MapReduce 开发的数据挖掘算法）应运而生。

4. 数据展现和应用

通过可视化方式对分析结果进行呈现，人们可以更好地探索和解释复杂的数据。当前很多企业正致力于将可视化引入其不同的数据分析和产品展示中。当我们利用大数据分析来获取价值时，黑客同样能够利用这些技术来获取个人隐私信息。因此，构建有效的数据安全防护体系、有效保护个人隐私和数据安全，也是当前业界和学术界非常关注的技术问题。需要指出的是，大数据技术是许多技术的集合体，而这些技术并非全部是新生事物，诸如关系数据库、数据仓库、数据采集、数据挖掘、数据隐私和安全已是发展多年的技术，在大数据处理过程中随时会被使用，也可视为大数据技术的一部分。

二、大数据技术对高校英语教学方法的影响

(一) 扩宽学生获取知识的途径

相比于现在全新的教学方式，学生可能更加熟悉传统的教学方式，在这种模式下学生要想获取知识只能依靠课堂上教师的讲解，这种传统的教学方式使学生在学完知识之后很难做到高效回顾或者复习，长此以往可能会造成知识流失。大数据时代的到来正好能够解决这种传统教育中学生获取知识的单调性，学生在课堂学习之外，还可以在线上进行学习，而且网络教学资源丰富，能够保证学生根据自己的需求合理分配学习时间，并且可以在课余时间发展和培养自己的兴趣，实现全面发展。借助互联网技术和大数据技术，学生可以在网络中找到丰富的英语教学资源，这也是对课堂教学的一种有效补充。

(二) 革新教师的教育教学观念

作为引导学生学习、启迪学生智慧的人，教师的思想觉悟以及教育教学理念将直接影响学生的学习态度。大数据时代的到来使教师可以随时借助互联网技术完善自己的知识体系，创新教育教学理念。在大数据的支持下，教师应该正确认识大数据对教育领域的影响，并依托大数据的力量不断研究、创新、实践自己的教学方法，将理性的技术手段与感性的教学经验相融合，打造出一套适合学生学习发展、使课堂高效有趣的英语教学模式。

(三) 提升高校教学管理的科学有序性

在大数据时代下，高校的任何活动以及事务都建立在数据的基础之上，高校管理者可以通过互联网技术将高校教学管理向着更加科学化、规范化的模式推进。同时，高校可以依托大数据的特性对教师、学生、教学实践活动等展开采集和调配工作，不断加强学校管理的科学性和高效性。

(四) 有助于强化学情分析，使学生动态预测成为可能

大数据为高校英语教学带来了诸多机遇：一方面，大数据的应用有利于强化学情分析。新时代的学生习惯利用互联网进行沟通和社交，因而会产生大量数据。高校加强数据收集工作，可了解不同学生的发展诉求，以助推英语个性化教学持续性创新。另一方面，高校可借助大数据收集学生相关信息，以此加强动态预测。传统数据采集模式相对落后，具有一定滞后性，大数据技术具备较强的共享化和数字化等特点，可实时记录学生行为，加强动态信息的持续性

跟踪。高校可基于此特点，及时了解学生的行为变化，强化数据预测和分析，进而掌握学生的发展规律，以提升英语教学的针对性和合理性，助推英语教学质量的提升。①

（五）有助于教学突破时空限制

大数据背景下要了解大数据的技术特点。一方面，大数据技术的出现，有利于高校加强对信息技术的利用。高校利用信息技术可快速提升信息化水平，能够在数据收集和分析过程中打破传统教育模式限制，也能借助智能化水平为学生提供海量学习资源。由此，高校英语教师需要借助大数据技术打破传统教育模式的限制，以推动教学发展。另一方面，大数据技术的应用有利于高校突破时空限制。大数据技术以互联网为依托，可快速打破时空限制，也能使学生了解不同区域的优质教育资源，并为其量身制作学习方案。教育工作者可借助其提升教育的灵活性与公平性，而学生可借助互联网加强自主学习，提升自学效率，进而为终身学习型社会的构建奠定坚实的基础。

三、大数据技术下高校英语教学方法的改革策略

大数据时代下，高校教育教学方法的改革创新已经是当代教育发展的大势所趋，在进行教育教学模式改革之前要先要明确新阶段的教学理念，教育教学要从"以教师为中心"转变为"以学生为中心"，在课堂中注重的并不是教师的"教"，而是学生的"学"。依托大数据技术对学生的学习情况有一个深入全面的了解，科学合理地设置教学课程以及教学进度，重新定位教师和学生的角色，从而促进高校对应用型人才的培养。

（一）实现数据融合，革新教学理念

大数据时代背景下，高校英语教学可通过有效融合课上数据与课下数据的方式革新教学理念，转变教学模式。现阶段，大数据的应用范围逐渐拓宽，大数据资源影响着人们的生活学习以及工作，甚至课堂上教师的行为、课堂教学的动态以及学生的学习行为等都可以转化成数据资源。但是对高校教师而言，仅仅依靠学生在课堂上的行为表现以及课堂教学的实际情况，很难全面把握学生的英语学习情况以及学生对英语课程的态度，因此高校教师应加强对学生课下英语相关活动的数据收集，结合课上数据与课下数据，全面分析学生的英语学习状态，探究更加高效的英语教学模式。例如，教师可以搜集学生访问网络

---

① 董艳. 大数据背景下高校英语个性化教学研究［J］. 佳木斯职业学院学报，2023，39（5）：67.

的相关数据分布获取学生的在线英语学习情况，包括学生是否会利用课余时间访问在线英语学习网站、学生花费在英语学习网站上的时间。通过对课上英语学习情况的监督，同时应用大数据有针对性地收集课下英语学习数据，实现课上数据与课下数据的有效融合，并深入分析这些数据，对学生开展多角度和全方位的评估，以此为依据转变课堂教学模式，合理设置英语教学活动。①

（二）实现英语教学资源的立体多元化转变

在传统的英语教学模式下，教学活动围绕教材开展，教学资源均来源于课本教材内容，渠道单一。在这种教学模式下，学生的学习热情大大降低，不仅达不到应有的教学效果，还会使学生逐渐丧失对英语学习的兴趣，不利于学生英语应用能力的提升。在大数据时代背景下，教师可以从海量的数据资源中筛选有价值的英语教学资源，丰富课堂教学活动，使学生获取多种形式的英语学习资源，不断拓宽学生的英语知识面，让学生有机会接触到除课本教材之外的英语知识，以多样化、趣味性的学习资源激发学生的英语学习兴趣，调动学生英语学习的积极性，提升英语学习效果。此外，基于大数据而获取的资源形式较为丰富，包括音频、视频、文字以及图片等，能够提高学生的学习兴趣。将大数据应用于高校英语教学，极大地拓宽了英语教学资源的获取渠道，克服了传统英语教学模式的弊端，丰富了英语课程教学的手段以及学习方式。

（三）实现多种教学模式的应用

现阶段，高校英语教学模式革新取得了一定成效，但一些高校仍然存在沿用传统英语教学模式的问题，不利于英语教学水平的提高。在大数据背景下，基于信息技术的翻转课堂、微课和慕课平台等教学模式陆续产生并应用于课堂教学，高校英语教师可充分利用多种教学模式，优化英语课程教学，创建现代化的高校英语教学课堂。翻转课堂、微课与慕课平台都是大数据与信息技术变革教育模式的重要体现，这些教学模式都是基于海量的数据资源构建统一化的教学管理平台，集中反映了学生的英语学习方式和学习倾向，实现了教师与学生以及学生与学生之间的良好互动，弥补了传统课堂教学的弊端。在大数据时代，教师应积极引入大数据、信息技术等多种新技术手段与各种线上教学平台，发挥多种教学模式的优势，提升高校英语教学效果。

---

① 陈潇. 大数据在高校英语教学改革中的运用探讨［J］. 现代英语，2022（3）：12.

（四）整合数据实现个性化教育

大数据背景下，高校教师应加强对各种数据资源的整合，遵循因材施教的原则，实现个性化教育。基于大数据的英语教学模式，不再以平均的标准来衡量学生的学习状况，而是关注每一位学生，尊重学生的个体化差异，实现个性化教学。现阶段的大学英语教学主要是以班级为单位开展教学活动，教师按照统一的教学方法与教学内容，而每位学生的学习能力和知识基础却存在一定的差异，这种教学方式会导致学生英语学习成绩的两极分化，不利于整体水平的提升。借助大数据则能够实现对每一位学生的学习轨迹与学习进展的记录，分析学生在英语学习上的难点与易错点，并提出有针对性的解决方案，优化教学内容，提高教学的针对性，确保每一位学生都能获得提升与进步。此外，由于学生的英语学习能力存在个性化差异，教师可以依据大数据技术建立学生的个性化档案，详细记录学生的英语学习状况，对学生进行适时的指导与点拨，引导学生取长补短，在原有的知识基础上获得持续进步。

（五）创新大学生英语学习方式

在新的发展时期，信息技术的应用范围逐渐扩大，将其应用于高校英语教学，是提升高校英语教学水平的重要方式。在大数据时代背景下，转变高校教师教学理念，革新高校英语教学模式，丰富高校英语教学内容，创新高校英语教学内容，对高校英语教学质量以及学生英语学习水平的提升具有重要意义。在应用大数据开展高校英语教学的过程中，为了提升教学能力与工作效率，教师需要学习先进的教学设备与教学软件，在此基础上利用多种教学方法开展教学活动。例如，应用多媒体、微课、慕课平台多种新型教学方式，能够有效激发学生英语学习的积极性。因此，在大数据时代背景下，高校英语教师应重视信息技术等多种先进技术手段在英语课堂教学中的应用，基于教材内容与教学目标，结合学生的实际学习情况与学习需求，创新大学生英语学习方式，引导学生借助更加科学高效的英语学习手段，逐步提升英语学习水平。

（六）构建智能化英语教学平台

在大数据时代，高校教学管理实现全面的信息化和智能化是未来的发展趋势，高校应明确信息技术的应用价值，积极探索和创新英语课堂教学模式，构建智能化、信息化的英语教学平台。例如，可以将微课教学模式引入高校英语课堂教学，为学生提供个性化的英语学习平台。首先高校英语教师可以借助互联网和大数据技术的优势挖掘学生的兴趣点，然后结合课本教材知识以及教学目标，制作英语教学课件或者微课视频，上传到智能化英语教学平台，学生可结合自身的兴趣特征和个性化需求，选择性地开展自主学习。同时，学生可将在自主学习过程中遇到的问题和难以理解的知识点，通过智能化教学平台反馈给教师，对学生普遍存在的问题，教师可进行整合，设置合理的教学方案，在课堂上进行集中讲解。除此之外，教师还可借助信息教学软件，为学生制订个性化的学习进度表，教师能够通过信息教学软件了解学生的英语学习情况，提高课堂教学的针对性与课堂教学效率。

（七）应用大数据实现分层教学

大数据能够提供高效的数据查询、分析与处理功能，能够反馈学生的学习情况，从而有针对性地查漏补缺。例如，基于大数据的慕课平台，针对学生在学习平台上反复提及的问题，系统能够及时反馈给教师，教师可在课堂教学中进行统一的、有针对性的讲解和指导。与此同时，在智能化的学习环境下，教师可以结合学生在各方面的学习情况以及相关的学习数据，将学习能力和学习基础处于同等水平的学生匹配到一起，使教学内容更加符合学生的学习需求，便于教师实施差异化教学，提高课堂教学的精准性。

第三节　云计算技术支撑下的高校英语教学

一、云计算技术概述

（一）云计算的概念

当前许多机构日益倾向将大部分甚至所有 IT 操作转移到与因特网连接的基础设施上，这些基础设施被用于企业云计算。与此同时，独立的计算机用户和移动设备越来越多地依赖云计算服务来备份数据，以及使用个人云计算同步设备和相互共享。

（二）云计算的主要优势

1. 规模庞大

能够分布式地存储海量的教育信息，在网络中可以是近乎无限的信息量。

2. 安全可靠

网络分布式存储以逻辑结构存储海量信息，避免大量信息因集中于同一设备而受到损害。

3. 虚拟化

云计算只是虚拟地将教育资源集中在一起，实际上各大高校只需要提供一个地址，就可以不受限制地进行资源的取用，这极大地增强了高校英语教学资源整合建设的设计范围。

4. 经济性

高校可能限于硬件设备的投入而无法实现教育信息的整合和共享，但是云计算提供了性能优良的数据服务器，只需要支付一定的运行和维护费用就可以实现资源的整合和共享。

二、云计算在高校英语教学中应用的意义

(一) 激发学生主动参与的意识

云计算在高校英语教学中的应用，正改变着学生的认知方式。学生从被动接受知识向主动构建知识转变。云计算支撑平台丰富，更符合大学生的认知方式，更贴近学生的兴趣爱好，满足了学生的好奇心。云计算在高校英语教学中的应用，将极大激发学生主动参与学习的意识，挖掘学生的英语学习潜能。

(二) 打破英语教学时空限制

云计算在高校英语教学中的应用正改变着高校英语的学习环境，它突破了英语教学时间与空间的限制，从相对封闭的教室环境向更为开放的空间延伸，从课内向课外延伸，实现随时随地学习英语的目标，打破高校英语教学时间与空间的限制，一个立体的英语教学环境正在形成。

(三) 提供海量教育教学资源

在传统教学模式下，部分高校掌握着大量优质的教育资源，造成高校英语教学资源的不平衡。云计算在高校英语教学中的应用，将打破教育资源不平衡的局面，为学生提供海量的教育教学资源，通过云服务实现有效的资源共享。①

---

① 赵丹. 论网络环境下的高校英语教学资源融合与创新发展 [J]. 太原城市职业技术学院学报，2015 (6)：71.

（四）推动英语学习多元互动

在传统高校英语课堂教学中，学生间的互动具有很大的局限性。在云计算背景下，高校英语教学空间得到拓展，英语学习环境更加开放，学生不仅可以与同学、老师互动，还可以与任何云平台上的学习者进行活动，实现英语学习的多元化互动。

三、云计算在高校英语教学中应用的现状

（一）"云学习"氛围有待加强

基于云计算技术支撑的云服务已经得到人们的普遍认同，然而在高校英语教学中，"云学习"氛围却并不浓。从高校层面来看，云计算在高校教学中的运用是一项系统工程，部分高校对此认识不够；从教师层面来看，基于云计算的英语教学，需要英语教师转变教学思想，优化知能结构，但教师受传统教学方式的影响，缺乏推动"云学习"的主动性；从学生层面来看，学生受传统应试教学的影响，也缺乏学习主动性。在这些因素的综合作用下，高校中基于云计算的"云学习"氛围不浓，需要营造学习氛围，推动云计算在高校英语教学中的应用。

（二）教师信息化素质不高

云计算在高校英语教学中的应用对教师素养提出了较高的要求。它不仅要求教师具有较高的英语素养，还需要教师掌握一定的信息技术。目前，高校英语教师还不能完全适应云计算辅助教学，不少教师虽然具备扎实的英语教学能力，但是信息技术运用能力比较弱，尤其是将英语教学与云计算进行有机整合的能力明显不足，能够基于云计算技术开发相应课程资源的教师更是少之又少。

（三）云计算辅助机制不完善

云计算在高校教学中的运用不是一项简单的工作，需要高校基于云计算建立相对完善的辅助教学机制。目前，高校云计算辅助机制并不完善，主要体现在平台标准化程度不高，云计算需要建立统一的行业标准，才能有效实现资源共享。高校云计算辅助学习平台标准化程度不高，大大降低了云计算在高校英语教学中的应用优势，也影响了云教学资源的发布与共享。因此，目前迫切需要高校完善云计算辅助教学机制，提升云计算辅助教学平台的运行效率。

（四）云资源开发有待提升

尽管云服务提供了大量的教育教学资源，不少企业也参与了教育教学云资源的建设，然而高校定位不同、学情不同，因此要具体情况具体分析。受诸多因素影响，不少高校云计算教学资源开发水平不高，云资源建设单一，甚至简单地实行"拿来主义"。这不仅增加了云计算的应用成本，也大大降低了资源的利用率，难以发挥云计算在高校英语教学中的应用优势。

四、云计算在高校英语教学中应用的建议

（一）积极转变教学理念，营造"云学习"氛围

我们必须认识到现代科技的影响力，尤其是云计算技术对教育教学产生的巨大影响力，以积极的心态面对云计算技术。高校要将云计算应用纳入长期发展规划，在全校范围内营造氛围，通过各种宣传渠道，提升全校师生对云计算的认识。高校英语教师作为英语学习的引领者，其思想理念能够对学生产生深远的影响。高校英语教师要努力转变理念，利用云计算辅助教学，在班级内营造浓厚的"云学习"氛围。教师设计教学、布置学习任务时，可以有意识地渗透"云学习"内容，激发学生利用云计算技术提升学习效率。学生要在教师的引导下，充分利用云计算技术来加强英语学习，将信息化素养与英语学习有机融合起来，将云计算技术作为提升英语学习的重要方式，与教师共同转变思想认识，构建新型学习理念与学习方式。

（二）建立常态培养机制，优化教师的职能结构

高校想要切实提升英语教师的素养，可以建立常态化教师培训机制，将教师培训纳入高校教育教学体系，建立完善的教师培训机制，通过常态化教师培训机制的构建，使教师能够顺应云计算背景下英语教学的需要。高校也可以在加强教师培训的同时，根据云计算辅助教学的需要，适当地引进高素质教师人才，发挥高素质人才在云计算辅助教学中的辐射作用。[①]

时代在发展，高校英语教学也应该不断发展，因此高校教师的培训要体现系列化。基于云计算的高校英语教学不是一成不变的，而是随着云计算技术的进步不断发展的。高校必须及时把握云计算技术发展的新动态，根据云计算技术的发展，不断寻求云计算与高校英语教学融合的路径，及时对教师进行培

---

① 李一. 云计算在英语教学中的应用 [J]. 海外英语，2016（22）：72.

训，打造出一支适应云计算辅助教学的优秀教师队伍，为云计算在高校英语教学中的应用提供人才资源支撑。

（三）发挥高校宏观作用，强化云计算应用设计

云计算在高校英语教学中的应用不是简单地将云计算与英语教学叠加起来，而是需要高校发挥宏观引领作用，强化云计算应用设计，提升云计算在高校教学中的应用效率。

高校要顺应时代发展要求，发挥高校宏观引领作用，及时加强市场调研，寻求先进科学技术与教育教学融合的路径，积极推动高校教育现代化步伐。在云计算时代背景下，高校要基于云计算进行合理定位，同时加强云计算与学科教学融合设计，使云计算与英语教学有机融合起来，积极推动高校云计算应用于英语教学的进程。

（四）树立多元开发理念，提升云资源建设质量

云计算在高校英语教学中的应用还要依赖于云计算的资源建设，高校要树立多元化资源开发理念。一方面，高校要加强与企业的合作，根据高校云计算辅助教学的需要，加强与企业的互动，筛选优质企业作为云计算资源开发主体，协助学校进行云计算教学资源开发与课程资源建设；另一方面，高校要充分利用学校现有的人力资源，包括教师、学生等，加强云计算资源市场调研，立足于校情、学情，进一步提升教研、科研水平，提升高校云资源建设的质量，彰显高校云计算辅助教学的特色。

总之，云计算在高校英语教学中的应用是时代发展的必然趋势。高校要进一步提升思想认识，在全校营造云计算应用的氛围，加强云计算与高校英语教学的融合设计，积极推动高校云计算教学资源的开发与建设，以充分发挥云计算对高校英语教学的促进作用，使高校英语教学迈向新的高度。

第四节　虚拟现实技术支撑下的高校英语教学

一、虚拟现实技术概念及特征

(一) 虚拟现实技术的概念

狭义的虚拟现实技术通常是指利用计算机、3D 控制器、立体眼镜、传感器等配套设备开展数据交换，从而使人们可以获取听觉、感觉、视觉甚至触觉等感官信息，建立一个可以感知的、高度仿真的虚拟现实环境。伴随着技术的不断发展，广义的虚拟现实技术还泛指一切可以实现虚拟仿真的各种软硬件、使用技术以及实现方法。应该说，虚拟现实技术是系统仿真、可视化技术、计算机图形学、数字图像处理、软件工程、传感与测量、人工智能等不同学科相互交叉融合的产物。因此，虚拟现实技术是一种较为有效的模拟人在自然环境中行为的高级人机交互技术。其采用计算机技术创造出一个可以感知的、高度仿真的虚拟现实环境，使置身于这一虚拟环境中的操作者可以通过各种传感交互装置直接操作这一虚拟环境，并得到实时显示和交换反馈。当外部世界和虚拟环境通过传感交互设备形成反馈闭环时，在操作者的控制之下，操作者与虚拟环境之间的交互会对外部世界产生相应的反作用。

(二) 虚拟现实技术的特征

1. 沉浸性

沉浸性又称临场感，这是虚拟现实技术的核心特征。虚拟现实技术的沉浸性是指操作者可以沉浸在借助于计算机系统所生成的虚拟环境中，进而可以通过较为特别的设备来感知虚拟环境，从而产生身临其境的感觉。

2. 交互性

交互性是指参与者在虚拟现实技术建立的虚拟环境中不再只是被动地参与，而是可以通过操作一些特殊设备来主动改变或者选择感受的内容，即参与者不再仅仅局限于使用传统的键盘、鼠标进行信息处理，而是可以使用触觉反馈系统、传感器等新型设备和虚拟对象开展交互与操作。

3. 想象性

想象性强调虚拟现实技术具有十分广阔的想象空间，从而不断拓宽人类的认知空间。虚拟现实技术不仅可以将客观存在的真实环境再现，还为参与者创设了一个无限的想象空间，从而将主动权交给参与者，进而使参与者可以大胆尝试各种可能性。

二、虚拟现实技术运用于高校英语教学的价值

（一）帮助学生更好地获取英语知识

将虚拟现实技术运用于高校英语教学中，可以使学生置身于虚拟现实系统中，从而突破传统英语课堂教学的限制，使他们在虚拟课堂中学习语言、使用语言、感受语言，进而将其内化为自身的语言学习能力和语言应用能力。在虚拟现实技术的支持下，构建与真实环境相似的虚拟认知环境，从而在虚拟环境中创造出与现实场景中相对应的虚拟物，使得学生在更为直观的认知环境中进行概念的认知以及知识体系的建构。与此同时，虚拟现实技术可以改变传统的英语学习方式，学生可以根据学习需要来自主选择相应的英语学习资源，并且按照自己的学习方法和速度开展探索性学习，从而使学生能够化被动为主动，增强其创造性和主动性。①

（二）强化学生英语交际技能的训练

将虚拟现实技术应用于高校英语教学中可以营造出各种虚拟的英语交流环境，让学生在虚拟环境中"担任"角色，通过模仿充分掌握语言的固定搭配和灵活应用，这对于提高大学生的英语交际能力是大有裨益的。与此同时，应用虚拟现实技术还可以使学生随时随地进行形式多样的语言练习，使语言应用能力大大增强，语言综合运用水平也有所提高。

（三）有效激发学生的言语交际动机

传统英语教学课堂中，在开展特定功能的言语交际训练时，往往需要学生和教师通过想象虚拟出言语交际主体、环境以及事件。而基于虚拟现实技术构造的虚拟世界可以使学生完全沉浸到真实的语言环境中，从而激发其强烈的探索欲望。

---

① 堵楠楠. 基于人工智能的 VR 教学在高校英语教学中的应用 [J]. 现代职业教育，2022（38）：21.

（四）降低学生的英语情景焦虑程度

情景型语言焦虑是英语学习者最容易产生的一种消极情绪，它指的是学生在学习和应用英语的过程中产生的紧张、怀疑、恐惧、不安、害怕等负面情绪。过分焦虑必然会对英语学习产生相应的抑制作用，一方面，学生容易在语言训练过程中因为信心缺乏而被迫放弃言语交际动机；另一方面，输入的语言信息难以被学生顺利理解吸收。由于基于虚拟现实技术构造的虚拟环境去除了诸多干扰因素，言语情境的负面影响大大减少。而且，学生在虚拟环境中进行言语表达时可以更随性且不受时间限制，当言语交际出现障碍时可以暂停，不会产生情景焦虑，能够以更加放松自如的心理状态参与到言语交际中，从而使自己获得更多的言语习得机会。

（五）开辟英语语言习得的新天地

对于英语初学者而言，语言自然习得的难度相对较大，因为，初学者的英语水平不高，尚未掌握用英语直接进行言语交际的基本技能，难以从自然言语资料中获取丰富的有效言语输入。而虚拟现实技术在某种程度上为学生创造了一个虚拟的言语交际情境，如在英语国家可能遇到的旅游、购物、学习、娱乐等生活情景，进而锻炼和提高学生"无意识"地运用所学英语知识的能力。

三、虚拟现实技术在高校英语教学中的应用策略

（一）运用虚拟现实技术制作教学课件

基于虚拟现实技术制作的英语教学课件可以通过相关技术将文字、图像、动画、声音、视频等表现形式进行重组和整合，从而制作出更加形象立体且丰富多彩的系统化英语教学课件。同时，基于虚拟现实技术而制作出的英语教学课件必须具有互动性以及沉浸感，可以使学生深入虚拟言语情境中与虚拟人物进行有效的交流和互动，从而帮助学生更好地学习和理解各种英语知识。

（二）构建基于虚拟现实技术的语言技能学习环境

英语是一门实践性很强的课程，语言教育只有与真实情境有机结合起来，才有可能真正提高学生的语言应用能力。传统英语教学大多脱离生活实际情景，学生只能死记硬背，无法提高灵活应用语言的能力。通过虚拟现实技术，可以让学生在相对"真实"的虚拟语言环境中应用英语，从而引导学生习得相关技能。①

（三）构建基于虚拟现实技术的语言文化学习环境

任何一种语言的产生和发展都离不开特定的社会文化背景，英语学习的主要目的也是与具有不同社会文化背景的人群开展跨文化言语交际，而传统英语教学难以将抽象的文化内涵直观且形象地向学生呈现。基于虚拟现实技术构建的虚拟语言文化学习环境是一种体验式跨文化交际能力培养环境，能够打破现实世界中的时间限制和地域束缚，学生可以通过视觉、听觉身临其境地接触、观察并感受不同国家的文化特征，并与该文化环境中的人群开展面对面的交流互动，从而在虚拟语言文化学习环境中形成跨文化交际的能力。

（四）构建基于虚拟现实技术的教育资源共享场景

高质量的英语教育资源是语言教学工作中最为重要和稀缺的资源之一，然而在现实中由于各种主客观因素，其较为稀缺且分布不均。利用虚拟现实技术、3D 流媒体技术将优秀英语教师的现场教学场景实时提供给远程学习用户，不仅可以实现网络学习和现场教学的同步化，还可以实现一对多的实时教学。与此同时，还可以利用虚拟现实技术将高质量英语教学视频虚拟化，这样既可以共享教学经验，又可以将教学资源进行永久保存和共享，能够在一定程度上解决高质量的英语教育资源短缺以及分配不均衡的问题。

---

① 饶卫民. 虚拟现实技术在构建主义指导下的英语教学中的应用 [J]. 大众标准化，2020（2）：110.

第四章　高校英语数字化教学应用

随着互联网与信息技术的发展，许多教育平台、软件应运而生，它们适应了高校英语数字化教学的需求，进一步提升了高校英语教学质量和水准，促使高校英语教学获得进一步发展。本章将对高校英语数字化教学应用展开分析。

第一节　翻转课堂及其在高校英语教学中的应用

一、翻转课堂基本概念阐释

（一）翻转课堂的定义

虽然翻转课堂的核心内容就是教学视频，但是教师仍然起着至关重要的作用，因此，不能简单地说翻转课堂就是一个在线课程。传统教学中，教师是讲台上的指挥者，向学生传授知识；而翻转课堂则将知识的传授提前到课前，原本需要学生课后完成的大量练习却移到了课堂中，由教师和同学互相讨论完成。翻转课堂的教学流程，实现了知识传授行为的提前与知识内化过程的优化，将过去重视知识传递、以教代学的模式，转变为以学生为主体、教师引领学生学会学习的模式，这正是翻转课堂的真正内涵所在。[①]

（二）翻转课堂的特点

1. 教学视频短小精悍

大多数教学视频只有几分钟的时间，每一个视频都针对一个特定的问题，

---

① 何冰，汪涛. 翻转课堂与英语教学［M］. 长春：吉林人民出版社，2019.

有较强的针对性，查找起来也比较方便；通过网络发布的视频，具有暂停、回放等多种功能，可以自行调整进度，有利于学生进行自主学习。

2. 教学信息清晰明确

翻转课堂的教学视频与传统教学录像的不同之处在于，翻转课堂的教学视频中不会出现与知识讲解无关的内容，而传统教学录像中出现的教师形象及教室里的各种物品摆设则会分散学生的注意力。

3. 重新建构学习流程

翻转课堂对学生的学习过程进行了重构。教师能够提前了解学生掌握有问题的内容，在课堂上给予有效的辅导，同学之间的交流也有助于知识的吸收。

4. 复习检测方便快捷

学生观看了教学视频之后，对学习的内容有了大概了解，视频后紧跟着的小问题，可以帮助学生及时进行检测，使学生对自己的学习情况做出判断。

（三）翻转课堂的价值

要实现真正的翻转课堂，必须具备三个基本条件：优质的教学视频、有组织的课堂活动及良好的学习环境。这种教学模式改变了传统教师的角色，它不仅没有弱化教师的作用，反而更加突出其地位。优质的学习视频需要教师提供，无论是本人录制还是通过开放的网络资源来获取，均由教师来决定即将学习的内容。从这个角度来看，翻转课堂提高了对教师的能力要求，即教师要具备制作优秀教学视频的能力以及搜集、甄别合适教学内容的能力。此外，课前完成教学视频的观看，并不意味着教师课堂上不进行知识的讲授。教师在课前需要将学生遇到的问题进行梳理，然后在课堂中引导学生学会思考，组织学生讨论、交流，同时也要根据学生的个人学习情况进行指导，真正做到因材施教。

翻转课堂改变的不仅仅是教师，它也让学生真正成为课堂的主人，由被动接受知识转变为主动获取知识；学生还可以根据自己的需要确定学习的速度。可见，翻转课堂对时间的重新分配，不但可以使学生自己掌握学习节奏，还能使师生更多地参与到课堂活动中，大大增强了师生之间、生生之间的交流与合作。

对于教学内容，教师和学生都不再仅仅盯着课本，而是灵活地将知识浓缩在有针对性的教学视频中。除此之外，教学视频最大的优点在于可供学生随时复习和巩固。

（四）翻转课堂的优势

1. 以学生为中心

翻转课堂改变了教学内容讲授的场所和时间，教师将讲授媒介转换为视频及其他材料，让学生自行完成。教师可以利用网络平台高效地为学生提供丰富的学习资源，学生也可以在网络资源中获取自己所需的知识，由被动接受转变为主动学习。课堂时间得到更高效的利用，课堂成为交流、创新的场所，更多地开展应用性的教学活动，如激发探究式学习、小组讨论协作。

2. 增强学生学习的自主性

翻转课堂中的课前学习及课堂中的任务型语言活动，都需要学生参与，并要求学生对自己的学习负责，这促使进一步加强与老师、同学的交流探讨，自主学习能力和意识都得到了加强。

3. 提升家长参与度

在传统的教学模式中，家长和教师交流的重点在于学生在课堂上的表现，如是否认真听讲、课下作业完成情况是否良好。由于教师精力有限及学生人数众多，教师不可能对每位学生在每节课中的表现都做出详细的描述。而在翻转课堂中，这些不再是最重要的问题，而是更多地关注学生的自身情况，家长能通过怎样的途径来督促他们学习。翻转课堂的实施，不但改变了教师与家长交流的内容，还改变了以往家长在学生学习过程中的单一角色。当学生在家里通过视频进行学习时，家长的监督作用变得更加明显，他们能够直观地看到学生的学习情况，并配合教师采取一定的监督措施，这一点有利于形成"学生—家长—教师"三者之间的互动，从而有效地促进学生的学习。

二、翻转课堂在教学中的应用

（一）课前准备

1. 明确目标与内容

在课前，教师需要使学生明确课前自主学习的主要内容和主要目标。

2. 制作视频并讲解

教师制作教学视频，讲解本节课的重要内容。

3. 通过习题巩固知识

为巩固学习的新内容，学生观看视频后，需要做相应的习题查缺补漏，并对疑难点进行独立探索。但怎样才能实现习题难度和数量的最优化，则需要教师花费心思去琢磨。

（二）课中进行

1. 问题汇总

翻转课堂模式把时间还给了学生，新颖的课前预习方式增加了学生的学习兴趣，无形中延长了有限的课堂学习时间。学生根据自己的学习情况，如实反映自学后仍然不理解的地方，教师汇总归纳典型问题引导学生主动探索，并对难点进行适当讲解。

2. 合作探索

无论在哪个阶段都应该注重培养学生合作探索的能力。此外，在互相交流、探讨的过程中，学生之间、师生之间互相启发、互相帮助，这样的气氛更有利于学生综合素质的提高。

3. 总结评价

学习评价作为学习系统的反馈调节机制，在学习与教学过程中起着重要作用。因此，经过激烈的讨论后，教师要对学生的学习进行总结与评价。在翻转课堂中，无论视频多精彩、课堂讨论多激烈，倘若没有一个恰当的总结，恐怕很难达到超越传统教学的效果，学生也可能因此产生"翻转课堂就是老师不讲课"的错误理解。因此，教师在一节课接近尾声时要对学生的思维进行启发。这样不仅可以对教学内容或教学活动起到系统概括、画龙点睛和提炼升华的作用，而且能拓宽、延伸教学内容，激发学生旺盛的求知欲和浓厚的学习兴趣。

三、翻转课堂在教学应用中存在的问题

（一）教学资源建设不成熟

一部分教师在应用翻转课堂的教学方式之后，发现教学资源相对匮乏，不仅不能满足翻转课堂的教学需求，也不能满足学生自主学习的需求。

（二）教学环境不匹配

互联网与电子设备是实施翻转课堂的必备条件之一，但并非所有的学生都有这样的条件，由此，部分学生对翻转课堂的兴趣并不高。

（三）教学软件的设计与应用不合理

在翻转课堂的信息技术设计方面，存在教学软件的设计较为死板且格式不兼容的问题，不利于学生自主学习时使用。有的学生操作多媒体的能力还不是

很强，这也大大降低了学生的学习兴趣和学习效率。

（四）翻转课堂运行模式相对不成熟

在翻转课堂教学模式下，学生在课后要观看视频讲座、收听播客、查阅材料，还要通过网络等途径与同学进行讨论，这势必会占用学生的课外活动时间，对其他方面的发展产生一定的负面影响。

四、翻转课堂在教学应用中的基本策略

（一）收集不同层次的教学资源

由于不同类型的知识在人脑中的表征与存储方式不同、习得过程与有效学习的条件不同，学生容易接受的教学资源的类型也不同，如图像类、文字类、图表类，因此需要对一种教学资源进行多种方式的呈现，使得教学资源更适合每一位学生的学习。

（二）加强教师的信息技术能力

加强教师的信息技术能力培养，不断提高翻转课堂的教学技能。在翻转课堂中，教师要改变以"教"为主的传统理念，以引导为主，从知识的传授者变成学习的促进者和指导者。教师不再是知识交互和应用的中心，但他们仍然是学生进行学习的主要推动者。当学生需要指导时，教师便会向他们提供必要的支持。

（三）改善学生的学习环境

积极改善学生的学习环境和学习条件，使他们尽可能地适应翻转课堂的教学需要。在实施翻转课堂教学时，对一些不具备相关条件的学生，学校应该提供相应的设备支持，如学校机房应在课余时间内对学生免费开放、在教室与宿舍提供免费网络。

（四）提高学生的信息素养

借助信息技术操作翻转课堂的平台，帮助学生提高信息素养。强化翻转课堂学案设计的几个环节——学习目标、学习重点、学习难点、自学设计、合作学习设计、作品展示、评价总结，在这几个环节当中，由教师引领，指导学生组成专题研究小组进行专题研究性学习和团队实践活动。整个学习过程由学生独立完成，每个学生都要参与其中，在活动完成之后，互相交流学习感受。同时，教师还要积极吸取学生对于翻转课堂教学的意见和建议。教师要帮助学生养成自主与合作相融合的良好学习习惯。评价总结是其中最重要的一个环节，对于学习兴趣与学习积极性不高、学习自主性差的学生来说，每一次的评价总结都能帮助他们提升自我。

（五）统一规范性与灵活性

翻转课堂教学要坚持规范性与灵活性相结合的原则，针对课程设计，设立灵活的模块分类，并且明确主题。在多媒体模块的操作应用上，要本着方便学生使用的原则，使学生能快速浏览网站的内容，避免因使用不便以及长时间等待内容加载而产生焦躁等不良情绪。例如，界面设计可使用静态图片，避免因网速过慢造成等待时间过长的现象。

五、翻转课堂在教学应用中的发展建议

（一）提高教师的教学能力

作为课堂的引导者，教师的教学能力是翻转课堂成功与否的重要因素，因此要加强对教师的培训，提高其在翻转课堂教学模式下的教学能力。首先，教师需要掌握制作视频的技术，学校可以安排专业团队对教师进行相关技术培训。其次，教师必须更新自身教学理念，学习如何组织并吸引学生参加教学活动。

（二）完善翻转评价体系

在翻转课堂教学模式下，学生有了更多课堂表现的机会，因此传统的评价方式——以考试成绩为唯一的评价标准便不再适用。教师要根据学生的自主学习及课堂表现等方面对学生进行评价，通过这种方式，不仅能够更加客观地评价学生的表现，还能充分调动学生自主学习的兴趣，提高学生自主学习的能力。另外，翻转课堂强调学生之间的交流与合作，因此，应该把学生的合作能力与组织能力加入评价内容。

（三）优化整合资源设备

针对部分高校设备不足的情况，可以从以下方面整合、优化资源：充分利用校园现有资源设备，如计算机机房、英语语音室、学校英语学习平台；充分利用现代信息技术，如在学校范围内实现无线网络全面覆盖，使学生能够随时观看教学视频。另外，应组织专业技术人员开发统一、高效的网络平台，以实现全国高校资源共享。

翻转课堂教学模式不仅能够调动学生的积极性，提高学生的自主学习能力，还能给学生提供更多展示自我的机会。但是，该模式在高校教学中还处于起步阶段，也存在许多问题。因此，在使用翻转课堂教学模式的过程中，教师、学生及学校需共同努力，不断完善教学流程，从而充分发挥翻转课堂的优势。

第二节　智慧课堂及其在高校英语教学中的应用

一、智慧课堂概述

智慧课堂的提出和发展实际上是学校教育信息化聚焦于教学、课堂、师生活动的必然趋势。对智慧课堂的概念有两种视角的理解：一种是从教育视角出发，认为课堂教学不是简单的知识传授或学习的过程，而是师生情感与智慧综合生成的过程，智慧课堂的根本任务是开发学生的智慧，这里"智慧课堂"的概念是相对于"知识课堂"而言的；另一种是从信息化视角出发的，指利用先进的信息技术手段实现课堂教学的信息化、智能化，构建富有智慧的教学环境，这里"智慧课堂"的概念是相对于"传统课堂"而言的。① 事实上，上述两种视角的认识是紧密关联的，利用信息技术创设富有智慧的课堂教学环境，其根本目的也是促进知识课堂向智慧课堂转变，实现学生的智慧发展。本书所使用的智慧课堂的概念是基于后一种视角提出的，从信息化视角出发建立智慧课堂的概念，是开展信息化教学研究的前提，也是构建智慧课堂理论与实践体系的逻辑起点。

从信息化的视角来看，现在人们广泛应用的智慧课堂实质上就是智能化课堂，即使用先进的信息技术实现教育手段的智能化，使课堂教学环境更加富有智慧，进而实现教育教学的智慧化。因此，我们可以将智慧课堂理解为：在信息技术的支持下，通过变革教学方式和方法，将技术融入课堂教学中，构建个性化、智能化、数字化的课堂学习环境，打破传统的单向教学，实现师生双向互动，切实提高教学质量和教学效率。

实质上，智慧课堂概念的提出与发展既是信息技术在教学领域应用的产

---

① 王晓文，高志军. 用几何画板构建智慧课堂［M］. 银川：宁夏人民教育出版社，2019.

物，也是课堂教学自身不断变革发展的结果。

二、智慧课堂一般模式

（一）课前阶段

传统课堂的课前阶段，教师只是单纯地备课，学生在课前预习，师生在课前缺少交流与反馈。而智慧课堂的课前阶段重视学情分析，并以此为基础优化教学设计，实现以学定教。

1. 学情分析

教师利用智能教学平台，查看与分析学生的历史成绩与平时作业完成情况，整体把握学生的学习与认知水平，便于教师确定教学内容与教学目标。

2. 预习测评

课前，老师可以根据每个学生的认知水平有针对性地制订教学方案和辅导策略，并利用信息化教学平台推送相关的练习题。

3. 预习自评

学生完成并提交练习题，并记录在预习过程中遇到的问题。

4. 课前讨论

针对课前预习过程中存在的问题，师生、生生进行交流讨论。

5. 教学设计

教师以学生练习题的完成情况以及问题讨论与解决的情况为依据，获得学情分析数据，了解学生对知识的掌握水平，以便有针对性地、灵活地进行教学设计。

（二）课中阶段

传统课堂的课中阶段，以教师讲授为中心，教师提问问题，学生回答问题，然后教师布置课堂作业。师生在课堂上的互动形式主要是语言交流讨论，互动形式单一化，不利于调动学生学习的积极性。而智慧课堂实施的关键是互动教学，利用论坛或智慧教学平台开展多种形式的互动，不仅包括语言交流讨论，还包括随机点名、投票等多种形式，深化师生、生生之间的交流互动。

1. 创设情境

教师通过预习反馈、测试练习等形式导入新课程，并提示预习中存在的问题。

2. 交流与讨论

汇总学生预习过程中存在的问题，教师与学生在课上共同交流与讨论。

3. 布置任务

教师布置新的学习探究任务与完成要求以及任务完成后的随堂测验题目，通过智能教学平台推送给每位学生。

4. 合作学习

以学生为主体，教师设计活动，组织并指导学生开展小组合作探究学习，提交并展示小组成果。

5. 随堂检测

学生课堂上在线完成并提交教师推送的随堂检测题，完成情况会自动反馈到教师端，学生端也会实时接收到教师的评价与反馈。

6. 精解与点评

教师首先点评学生对本节课知识的掌握情况与随堂测验的完成情况，然后针对薄弱环节与易错的知识点进行精讲，并设置多样化的互动环节解决学生在任务中遇到的问题，帮助学生进一步理解与掌握知识。

7. 总结归纳

教师根据随堂测试的反馈信息，总结归纳教学重难点，帮助学生固强补弱，提高学习成绩，有利于学生进行深层次的知识建构。

（三）课后阶段

传统课堂的课后阶段，学生主要是完成教师在课堂上布置的学习作业与任务。教师的教学评价主要来源于学生作业完成的反馈情况，反馈比较滞后且缺少对教学过程、学生综合能力的形成性评价。而智慧课堂则从根本上改变了这一点，智慧课堂的课后阶段以个性化辅导为重点，关注学生的学习过程与智慧发展的评价，评价形式多样，实时反馈，创新了传统课堂的教学评价。

1. 资源推送

教师可以根据学生的课堂学习情况发布个性化的课后作业，推送学习资源，开展个性化辅导，真正实现因材施教和个性化教学。

2. 完成作业

学生完成课后作业并提交给教师，教师为每个学生录制作业批改的微课，在智慧平台上共享，学生在线观看，并发表自己的想法，与教师、同学共同交流讨论。

3. 自我提升

学生根据学习任务的完成情况，结合教师推送的个性化辅导资源进行反思，实现自我改进与提升。

4. 总结反思

学生在智慧学习平台的即时反馈，便于教师进行自我总结与反思并加以改进。

三、大学英语智慧课堂教学模式发展现状

智慧课堂教学最早兴起于 20 世纪 90 年代，随着科学信息技术的不断升级和发展，其内涵也在持续不断地发生变化。通过对国内外智慧课堂教学研究现状的研究发现，智慧课堂教学的发展主要经历了以下三个阶段：一是信息技术视角下的科学技术应用阶段（20 世纪 90 年代末至 2006 年）；二是高校教师视角下的科学技术整合阶段（2007 年到 2013 年）；三是学生视角下的"互联网＋"应用阶段（2013 年以后至今）。① 智慧课堂教学三阶段论的提出，为我们更好地认知智慧课堂教学提供了参考。

当今，以互联网信息技术为教学媒介的线上课堂已成为教学常用方式之一。因此，这种线上与线下相结合的混合式教学模式将成为大学英语教学改革的主流发展方向，其优势有以下几点。

第一，可以打破时空和地域的限制，高效开展教学活动。经过互联网信息技术的洗礼，高校英语教学深刻认识到了智慧课堂教学模式中线上教学模式的重要性，这对于促进线上线下混合式教学起到了积极的推动作用。

第二，可以提升高校教师的教学能力和综合素质。在大学英语教学过程中，通过智慧课堂教学模式，高校英语教师可以摆脱传统教学理念的束缚，提升教学质量和教学效果。

第三，可以有效激发学生对英语的学习兴趣，同时体现出学习过程中学生的主体地位。在大学英语智慧课堂教学过程中，教师和学生的角色发生了根本性的转变，教师不再是英语课堂的主体，也不再是课堂的"最高主宰者"，而是课堂有效教学活动的组织者，是学生学习英语过程中的帮助者、促成者和咨询者。大学英语智慧课堂促使学生从原有的被动式学习变为主动式学习，培养学生主动参与、主动思考的能力和学习习惯，使其真正成为学习的主体。

---

① 冯晓英，王瑞雪，吴怡君. 国内外混合式教学研究现状述评——基于混合式教学的分析框架 [J]. 远程教育杂志，2018（3）：13-24.

四、大学英语教学中智慧课堂教学模式的实践

（一）教学理念

以产出导向法理论体系为教学指导理念，以学习中心说、学习一体说和全人教育说为先行导向，教学过程主要以驱动、促成和评价三大模块为基础。为了更加高效地完成教学任务，在每个教学环节中教师通过互联网和教学平台及App收集教学资源，发布教学任务，完成教学评价；学生则在教师的引领下，进行自主学习、小组讨论、作业提交等学习任务。

（二）教学目标及教学对象

大学英语课程是面向非英语专业学生开设的语言类基础必修课程。《大学英语课程要求》中提出该课程是以英语语言知识与应用技能、学习策略和跨文化交际为主要内容，集多种教学模式和教学手段为一体的立体化、网络化、个性化教学体系。大学英语主要是培养学生的英语综合应用能力，使他们在今后的工作和社会交往中能用英语有效地进行口头和书面的信息交流。

（三）教学实施路径

根据上文对智慧课堂一般模式的介绍，大学英语课程教学大体可以分为三个阶段：课前线上自学预习阶段，课堂面授师生互动阶段，课后线上巩固+评价阶段。

1. 课前挖掘课程相关素材，推送预习任务

为了实现该课程的教学目标，教师在每节课的授课之前需要结合本单元的教学内容，利用互联网选择与之相对应并符合学生语言习得水平的教学资料和课程资源，同时根据授课的实际需求和能力培养目标，设定出能够激发学生学习兴趣的教学任务，使学生在完成课前预习任务的同时，提升自己的英语应用能力。

2. 课堂专业知识传授，与学生互动

教学过程实施以学生为中心的教学指导思想为主，从语言应用出发，聚焦核心目标，凸显语言训练这一教学实践目标。

首先，教师就学生课前在学习平台自主学习的完成情况进行分析和讲解。其次，教师就单元课文内容和教学目标进行专业知识传授以及主题文章导读。教师要根据实际教学需求、教学能力目标和单元教学主题，采用多种形式的教学活动，如角色扮演、分组练习、个人展示、手机听写、在线配音，让学生和

教师进行有效的交流和互动。最后，教师利用教学平台就本节课的教学内容进行课堂教学测试，实时对学生的学习效果进行检查，对出现的问题给予有针对性的建议。

3. 课后知识强化，拓展相关话题

通过混合教学模式的应用，教师可以在课后进一步总结经验，设计相关学习任务。

五、大学英语智慧课堂教学的构建策略

（一）夯实网络软硬件建设

互联网线上教学平台的构建是各高校开展大学英语课程"线上+线下"智慧课堂教学模式的重要保障，必须依托互联网线上教学平台的建设和丰富的教学资源才能满足教学需求。高校应以智能科技和大数据等技术为基础，着重加强线上教学平台的功能建设和资源建设。

（二）实现互联网英语教学资源的整合

为实现大学英语智慧课堂教学实践的目的，教师可以利用互联网优质教学资源开展线上教学，并且注重翻转课堂在大学英语课堂教学活动中的应用，通过两者的有机结合形成较为完整的智慧课堂教学模式。我们通过对大学英语具体实践教学的研究，发现线上平台相关的教学资源建设是有效开展智慧课堂教学的基本前提，各高校应当结合自身的教学实际情况，对互联网教学平台的课程资源加以丰富和改进，最终建设符合不同教学需求的线上教学课程，使学生能够高效便捷地利用教学平台进行英语课程的学习，从而推动高校英语教学水平的发展和提高。

（三）构建智慧课堂教学系统

要建立智慧课堂，其中一个基本前提就是要构建智慧课堂教学系统。目前来说，得益于信息技术和教育事业的同步发展，已经出现了一些智慧课堂的教学工具，如"雨课堂""蓝墨云班课""易学堂"，它们已经具备了智慧课堂的特征。① 所以，在构建智慧课堂时，可以直接使用这些现成的教学工具。当然，这些教学工具在功能设计上可能与实际教学需求存在差异。因此，还可以对这些教学工具的功能进行优化，使其符合教师个人的教学使用习惯。当然，

---

① 胡静. 高校英语构建"智慧课堂"的价值与思路分析［J］. 智库时代，2020（31）：107.

除了借助现有的教学工具之外，教师也可以结合教学需求自行构建智慧教学系统，开发相关教学功能。

（四）加强线上线下教学的有效衔接

在互联网信息技术高速发展的时代，通过互联网教学平台开展"线上+线下"智慧课堂教学可以有效提高大学生英语知识水平和自主学习能力，促进其英语素养的养成和全面发展。因此，在大学英语教学活动中，教师应依据知识内化机制了解学生对知识的内化情况，进而实现对学生的学习情况及今后教学设计的准确把握，同时利用大学生创新能力强和对新生事物渴求度高的特点，发挥智慧课堂教学模式中的信息技术优势，提升英语知识内化的效果，改进大学英语教学质量。[①]

（五）增强教师的信息教学能力

智慧课堂教学质量的成果取决于教师的教学水平，因此，要确保智慧课堂的教学质量，就必须注重对高校教师教学能力的培训。高校应重点强调大学英语教师对学科知识的把握，加强教师实施智慧教学能力的培训，通过开展闭环式磨课活动，组织教师参加各类教学设计和教学能力培训及竞赛，进一步提升教师的教学设计与实施能力；通过采用讲练结合的方式和注重实操性的软硬件培训，进一步提高教师的现代信息技术素养。此外，高校应大力提倡并鼓励教师参加微课大赛，通过这种方式提高教师对教学活动设计的积极性、主动性和创造性，提升团队合作能力。

---

① 秦丽莉，何艳华. 生态给养视阈下英语知识内化机制构建——基于课堂展示活动［J］. 北京第二外国语学院学报，2020（4）：92-107.

第三节　混合式教学及其在高校英语教学中的应用

一、混合式教学模式概述

（一）混合式教学的概念

混合式教学这一概念有明确的定义，即学习策略、学习服务等多方面的深度融合，这是目前广受关注的教育形式之一。混合式教学的概念主要包括以下几个方面。

第一，混合式教学是离线与在线学习的混合。离线教学指的是传统的线下课堂教育，而在线教育则是指高校学生通过教师提前录制好的网络视频、网络音频等方式来完成自主学习的教学方式。

第二，混合式教学是结构化和非结构化学习的混合。如今，学生不仅能够以结构化的方式有计划地开展学习，同时还可以通过论坛等非结构化形式来进行学习，在混合教育中需注重这部分非结构化学习信息的获取。

第三，混合式教学是多种学习方式的混合。随着教学观念的进步和发展，英语学习的场所不再局限于课堂。

总体而言，混合式教学并不是简单的教学模式的结合，而是一种全方位、多角度的教学模式融合。在混合式教学中，不仅教师需要合理选择教学媒体，学生也要积极参与教学过程，这样才能使教学层次进一步提升，进而达成学习的目标。

（二）混合式教学的"混合"体现

就当前高校英语课程的混合式教学模式来说，"混合"具体可以体现在课程主体的混合、教学器具的混合、教学形式的混合三个方面。

1. 课程主体的混合

课程主体的混合主要指的是学习者和教学者的混合。在传统的课堂教学中，教师始终占据主体地位，导致学生的学习过于被动，影响了学生的学习积极性。混合式教学模式则正好相反，其促进了教师与学生之间的沟通交流，将学生和教师同时作为课堂主体，彼此之间互相关注，给予学生自主学习的主动权，同时也带给教师进步的空间。在整个学习过程中，教师更多的是扮演引导者和组织者的角色，针对学生的实际需要予以点拨和帮助。

2. 教学器具的混合

在开展混合式教学模式的过程中，教学器具的混合也是一个显著的特点。传统课堂教学的主要教学器具为黑板、粉笔以及教材，也有一些教师会用到录音机、教学挂图、多媒体等设备。① 而混合式教学将整个互联网作为教学器具，实现了多种教学工具的融合。在日常学习中，教师和学生可以根据实际需求灵活应用网络中的各种资源和内容，同时还有一些多样化的在线教学软件，使课堂空间变得更加广阔。

3. 教学形式的混合

传统的英语教学中通常都是教师讲、学生听，而混合式教学模式则将学生主观能动性的发挥放在首位，关注学生和教师之间的交流与互动。在互联网的支持下，混合式教学模式可以同时融入情景式教学、项目式教学、探究式教学、合作式教学等多种教学方法，促进了线上教学与线下教学的融合，实现了个人学习与小组学习的共同推进，实现了不同教学环节的融合，有助于高校英语课堂效率的稳步提升。

（三）混合式教学的设计原则

目前，国内高校的混合式教学仍处在积极的探索和研究之中。根据相关研究成果，混合式教学虽然打破了课堂教学的桎梏，但仍然需要遵循一些教学原则，尤其是在开展教学设计时。只有遵循科学、合理的教学原则，高校教师才能够根据实际情况设计合理的教学规划，进而使高校英语教学的质量得到提升。

1. 导向性原则

每一门课程在设置时都有相关的教学大纲和教学目标，所有教学环节都是围绕这一核心展开的。如果教学过程与目标不统一，就不能达到最终要求，教学的意义也不复存在。为此，在进行教学设计时，都应遵循导向性原则。

2. 系统整体性原则

高校的教学活动是一个整体的系统，而非诸多要素的片面堆积。高校教师在进行混合式教学设计时，不仅要充分考虑教学要素，如教学构成要素、教学运行要素和教学环境要素这些外部因素，还要仔细考虑学生的学习形式、学习方法等是否适合混合式教学。在混合式教学中，高校教师要引入系统科学的教学思想，均衡考虑各教学要素之间的关系，充分发挥混合式教学的优势，促进

---

① 陈瑜. 应用型高校英语混合式教学效果分析［J］. 现代英语，2022（20）：17.

教学的优化。①

3. 适度性与操作性相结合原则

混合教学要求在设计的过程中合理控制各类教学模式的占比，把握传统教学和在线教育的比例。同时，综合教学的方案设计也要与实际相符合，才能提升其可操作性。另外，还需要考虑教学环境等相关因素。

二、高校英语混合式教学的价值

（一）满足学生个性化需求

在高校英语教学中开展混合式教学，可以将线上教学和线下教学的优势集中到一起，达到取长补短的效果。教师在教学过程中，可以将学生的专业水平和具体教学内容相结合，将多种教学资源整合到一起，制作多样化的教学课件，供不同水平学生的选择。在制作教学课件时，教师可以引入一些有针对性的视频、阅读材料、在线练习等，还可以针对学生存在的共性问题和个性问题做出有针对性的讲解，这样不仅能够在一定程度上促进师生互动，还能很好地满足不同学生的学习需求和兴趣爱好。

（二）提升教师专业能力

混合式教学是建立在互联网基础上的一种教学模式，离不开信息技术的支持和辅助。在这种教学环境下，教师的角色也发生了一定的转变。教师不仅是知识的传授者和课堂的组织者，也是科研的发起者，既要准备教学资源，也要参加教研活动以及各项教育培训，不断提升自己的教学能力。而在这一过程中，通过信息技术、资源的共享与学习，英语教师的专业能力和职业素养都能得到有效提升，有助于促进教师的专业化发展。

（三）丰富学生的阅读量

互联网是信息的集中地，包含了多种形式的信息内容，运用混合式教学模式可以将信息的价值最大化。当学生接收到大量信息后，他们的阅读量也会随之提升，不管是课内资源的搜索还是课外资料的查阅，只需要通过互联网进行搜索，学生便可以准确知悉所搜索到的内容是否有利于学习以及自己是否需要。

---

① 牛艳. 混合式教学在高校英语教学中的应用［J］. 现代英语杂志，2021（14）：44.

（四）提高教师与学生间的互动与交流

传统课堂教学活动中通常都是教师讲解理论知识内容，学生进行记录，在这样的课堂模式下教师与学生之间的互动少之又少。因此，教师可以在教学中充分融入多种网络资源形式，这样学生就不需要在课上花费更多的时间和精力记笔记。课后，学生可以通过观看视频对教师讲解的重要内容进行整理，学生可以把更多的时间和精力放在理解课堂内容上。同时，教师也可以通过提问的方式提高学生的学习效率，促进学生思考，让教师与学生之间的交流互动更加频繁，让课堂不再沉闷，更具生机和活力。[①]

除了线下课堂的提问和互动之外，教师还可以在线上给学生布置课前任务，为学生答疑解惑，学生在线上针对学习中所遇到的问题进行提问，教师在解答之后可以将答案发给学生或公示在班级微信群等。学生通过教师的讲解不断复习所学内容，加深对知识的理解。线上教学可以有效避免教师与学生沟通效率低下的问题，增加师生交流与互动的机会。

三、混合式教学在高校英语教学中的具体应用

（一）结合实际设定教学目标

要想让教学活动得到顺利推进，必须有一个明确的教学目标。作为高校学生的一门必修课程，大学英语是以外语教学理论为指导、以英语语言知识与应用技能、跨文化交际和学习策略为主要内容，同时也集中了多种不同的教学模式和教学手段的一门课程。这门课程教学的主要目标是强化学生的英语表达能力和语言交际能力，以方便学生在以后的学习、生活和工作中能够灵活应用英语与他人进行沟通交流，并在这一过程中逐渐形成良好的自主学习能力、较强的综合文化素养等。所以，在高校英语教学过程中，英语教师需要考虑混合式教学模式的特点和形式，除了要做好关于语法知识的教学之外，还要培养学生的倾听能力、阅读能力、写作能力以及人际交往能力。因此，教师在教学过程中要同时融入这些内容，并考虑学生文化素养的培养和综合能力的提升，为学生的学习和发展奠定良好的基础。

（二）构建网络自主学习模块

在开展混合式教学模式的过程中，教师需要立足互联网构建在线自主化学

---

① 徐铭悦. 高校英语线上线下混合式教学模式研究［J］. 吉林省教育学院学报，2023，39（4）：84.

习板块，具体操作有如下几个步骤。

1. 结合学校校园网络的实际情况，构建在线学习平台

当前信息技术不断发展，移动媒体的应用十分常见，所以教师可以根据高校大学生的兴趣爱好和社交方式，利用新媒体通信工具，创建专门的英语学习群，为学生打造学习和交流的平台。教师可以不定期地在群里上传英语学习资源，告知学生一些自主学习的要求和规则。

2. 充分利用沟通软件

在英语群中发布英语课堂学习目标，让学生以这一目标为前提制订自主学习计划。在这一过程中，教师可以根据学生的学习能力和学习特点布置一些有针对性的学习任务，要求学生自主下载并完成。

（三）合理设置在线教学资源

对于高校英语教学来说，在开展混合式教学模式的过程中，教师首先要做的便是结合实际教学需要设置线上课程资源，这将直接关系课堂教学的整体质量。在这一过程中，课程资源的设置可以分为静态预设性资源、动态生成性资源两类。

1. 静态预设性资源

静态预测性资源指的是教师在正式教学之前准备好相应的教学资源，主要可以分为导向性资源和内容性资源两个方面。导向性资源的主要作用是引导课程的方向，具体内容包括教学计划、课程标准、教学考核等；内容性资源主要为课堂教学内容，在设计内容性资源时教师要以培养学生自主、合作、探究的学习能力为目标设计相应的专题活动，将教材中的内容转化为具体的课堂实践，并且要保证每个专题的内容性资源以课件、视频、实践活动等形式来呈现。

2. 动态生成性资源

动态生成性资源指的是在英语课堂正式教学的过程中所产生的教学资源，其具有一定的变化性和开放性特点。在开展混合式教学的过程中，教师需要灵活应用各种信息化教学平台，通过设置各种各样的话题讨论、课堂实践等活动来组织学生进行课堂互动，在这一过程中会产生相应的互动结果，这些都属于动态生成性资源。例如，钉钉是一款常用的线上教学平台，教师可以利用这一软件组织线上教学，有效调动学生的课堂参与积极性。除此之外，在开展混合式教学的过程中，为了避免课堂学习过于枯燥无趣，教师也可以适当引入一些有趣、有意义的教学资源，以此提升学生的学习效率。

（四）积极调整课堂教学设计

1. 英语教学准备阶段

在开展英语混合式教学模式的过程中，教师要提前做好准备工作，通过微信群、QQ群、QQ邮箱等方式向学生发布学习计划和学习目标，要求学生按照教师给定的任务自主上网收集相关学习资料，并通过网络资源进行针对性预习。与此同时，教师可以结合本单元所学内容进行适当的规划和分类，为学生布置有针对性的学习任务，设置一些开放性的思考题，让学生在课前预习的过程中开发思维、提高兴趣，为后续课堂学习做好足够的准备。① 除此之外，教师也要积极做好课前导入的设计，利用一些多媒体课件导入新课，以此来充分调动学生的学习积极性。

2. 课堂学习阶段

在正式开始课堂教学后，教师可以根据教学内容和学生能力特点，组织多样化的学习活动。例如，将学生分为不同的小组，然后结合教学内容设计小组讨论的问题，组织学生围绕问题展开小组合作学习，有效强化学生的思维能力和语言水平。另外，教师在讲解重难点知识的过程中，也可以利用多媒体课件播放有关学习内容，加深学生的记忆，提高学习效果。

3. 课后巩固阶段

对于混合式教学而言，课后巩固阶段的设计也可以利用网络平台来完成，教师通过线上平台为学生布置一些作业任务，考核学生的学习成果。除此之外，也可以借助一些论坛、微信公众号等，为学生推送相关资源，让学生进行课后复习和巩固，使学习变得更加轻松、高效且有趣。

（五）教学评价体系的完善

混合式教学是将实践教学与互联网线上教学相结合，因此，混合式教学模式的教学评价要多维度、多元化，在教学中既要重视教学过程也要关注教学结果，建立一套科学、全面的多元评价体系。②

在高校英语混合式教学评价中要注重学生的学习过程，加大语言的输入力度，更好地促进学生语言能力的发展；在学习过程中要注意监测学生的学习进展，及时梳理并改进教学中的问题。首先，混合式教学评价应秉承以学生为本的原则，将学生知识的增加和能力的提高作为评价重点。其次，混合式教学的

① 高鑫鑫. 高校英语混合式教学的实践与反思 [J]. 科技视界，2021（22）：8.
② 张攀. 应用型人才培养视角下高校英语混合式教学实践探究 [J]. 校园英语，2021（44）：34.

流程是课前预习、课中教学、课后辅导，因此，对学生的评价应与这三大过程相结合。

在混合式教学的评价中，首先，要注重学生的参与度，学生不仅需要对自己的学习效果做出评价，还需要借助同学之间的互评来检测学习效果，同时对教师的授课做出评价与反馈。其次，教师在进行教学评价时，要特别关注学生在过程性评价中的表现，及时记录，建立电子档案，便于后期开展整体性评价。

第五章　高校英语人才培养概述

在当前经济与科技迅猛发展的时代中，高校在培养英语人才时应当根据社会发展现状及其对英语人才的需求及时进行调整。本章将对当下高校英语人才的培养进行系统性阐述。

第一节　高校英语人才培养现状及新变化

一、高校英语人才培养现状

（一）教学模式过于单一化

我国在进行教学改革工作之前，英语教学主要以教师讲台讲授、学生台下听讲的教学模式展开。虽然这种教学模式在一定程度上能够提升学生的英语成绩，但是由于对学生的主体地位缺乏足够的重视，导致学生对英语学习的兴趣和积极性下降。

（二）缺乏足够的师资力量

拥有足够的师资力量，是提高英语教学水平的重要保证。但是以往部分高校在开展英语课程的教学时，由于受到经济条件的限制和自身办学规模的影响，缺乏足够的师资力量，对英语人才的培养有着极大的制约。

二、高校英语人才培养新变化

（一）高校英语人才培养新趋势

1. 英语人才培养需要结合新型课程体系

现阶段，国内大部分英语专业教学都存在课程体系单一、教学内容单薄、教学方式难以突破等常规性教学问题。因此，在课程改革背景下，教师需要脱离传统的授课方式，将学生作为课堂的主体，调动学生的积极性和主动性。只有这样，才能使教学与实践相结合。另外，在英语课堂中，教师需要增加教学内容，拓宽学生的视野。这样才能帮助学生提高语言能力。[1]

2. 英语人才培养需要具有可应用性

学以致用是学习的最终目的。在新时期背景下，经济全球化和信息化对英语人才提出了更高的要求，既需要有过硬的专业基础知识，又需要较强的应用能力和实践经验。因此，培养英语人才不要"纸上谈兵"，而要"学以致用"。

3. 英语人才培养需要高水平教师

教师作为英语专业学生的"引路人"，起着至关重要的作用。因此，高校需要加强教师团队建设，提高教师的综合能力和素养。同时，教师自身也要有配合教育深化改革的观念，多进行教学尝试，参与教学交流，努力成为英语教育改革的"先驱者"。

（二）高校英语人才培养新要求

1. 制定新时期英语人才培养的新目标

教师在教学过程中，一是要提高学生的综合能力和英语输出能力；二是要转变学生原有的应试思维，即英语不只是一门应试的科目，更重要的是成为一个解决问题的工具；三是要减少学生对教师的依赖，引导学生养成独立思考的能力。

2. 结合新时期特色，深化改革教学模式

新时期的英语教学模式，要将课堂上的专业授课和课下的实践应用无缝衔接，同时结合校内的技能培养和校外的技能应用。

3. 将提高实践应用能力作为培养英语人才的重中之重

具有实践应用能力的英语人才，才是符合新时期发展的人才。近年来，英

---

① 杨淑芬. 新形势下地方院校英语专业学生核心竞争力培养模式研究［J］. 海外英语，2020（2）：176-177.

语专业学生的实践应用能力已成为评价学校英语教育的重要指标。因此，高校在英语教学中，要把校内学习和校外实践相结合的方式落实到位，确保学生能够运用所学知识不断打磨自己，成为应用型人才。

第二节 高校英语人才必备基本素养

一、高校英语人才必备基本素养培养的问题

（一）学生口语表达能力弱

大多数学生口语基础薄弱，存在发音不标准、词汇量匮乏、表达不准确、中式英语痕迹明显等问题，同时，学生在听力训练上的缺乏也是导致学生口语能力弱的因素之一。

（二）学生听力训练不到位

高校英语听力教学重形式、轻质量，在教学过程中教师多采用应试教育的方法，这种方式对于训练学生的听力、提高学生的交流能力都具有局限性。

（三）学生阅读训练局限强

在英语阅读训练过程中，教师侧重对文章中的单词和语法进行解析，重视对题目的分析和解答，很少对文章的结构、思想、逻辑等进行分析。这种训练方式不仅使阅读训练变得枯燥、阅读水平提高慢，同时还会影响学生的写作能力。

（四）学生写作训练不到位

教师在对学生进行训练时，因为各种因素的影响，往往难以遵守循序渐进的原则，而是采用集中讲解的形式让学生记住句型句式，导致学生写的文章内容空洞、错误较多。

二、高校英语人才必备基本素养培养的策略

(一) 口语素养培养策略

1. 学生方面

要想提高口语能力，学生需要加强自己的心理素质，在轻松的环境中，通过课堂口语训练，克服畏错心理，增强自信心。

2. 教师方面

面对枯燥乏味的教材内容，教师应及时更新素材，使教学内容贴近生活，激发学生的学习兴趣。同时，教师也要注重发音和语调的准确性，关注学生重读、连读等口语技巧的掌握程度，研究具有针对性的教学方案，以适应不同学生的发展需求。

(二) 听力素养培养策略

1. 提高听力教学的师资标准

英语教师的发音和听力能力是提升听力教学水平的基础，听说课可以配备专门的教师进行教学，有条件的可以直接采用外教授课。

2. 优化听力教学手段

在听力课堂中，教学手段非常关键，通过优化听力教学课堂的授课方式提高教学效率，是打造优质英语听力课堂、提高听力能力的有效途径。具体而言，教师可以采用电影原声的配音活动作为教学手段，也可以通过多媒体设备完成演讲、角色扮演等听力训练活动。在听力教学过程中，要根据不同的听力材料灵活选择教学方法。

3. 实施听力教学的多模态评估

教学评价是基于课堂教学对学生的学习效果进行判断的方式。对于听力教学而言，多模态的评估可以帮助教师实现全面评价。要对教学对象进行全面评价，在课堂教学上可以通过多模态的教学反应测试，将学生兴趣持续时间长的教学环节适度加长，将学生兴趣匮乏的教学环节加以改进或替换。当然，在听力教学评估中最重要的是对学生的学习效果的评估，可以在每节课结束前进行具体的听力能力测验，测验可以通过多样化的方式呈现，如图像描述、语音复述。

4. 营造丰富的听力环境

听力环境的营造要通过听力材料的多样化来实现。首先听力材料的选择要适合学生的年龄和兴趣，选择与学生生活息息相关或者与网络热点相关的话

题；其次将电影原声、新闻热点、音乐作品等扩展材料作为听力环境的营造手段。

（三）阅读素养培养策略

1. 运用多种教学手段开展课堂教学

要提高学生的英语阅读能力，首先要培养阅读兴趣。任务教学法是比较常见的教学手段之一，教师可以通过下达任务的方式，为学生布置一定数量的课外阅读材料，通过有计划的、循序渐进的训练，增加学生的词汇量、提升学生的阅读速度。将讨论式和交互式的教学手段结合，也是提高学生阅读能力的教学手段。在学生完成课下阅读任务之后，教师可以在课堂上安排学生就所阅读的文章进行作答，并对所安排的问题进行讨论。这些教学手段不仅可以引起学生的学习兴趣，同时可以加深他们对于所阅读文章的理解，提高阅读能力。

2. 活用多样教学工具进行课堂教学

随着科技的发展进步，教师的日常教学衍生出许多新的教学模式。目前，高校中多媒体教室逐渐增多，翻转课堂教学的引入也使翻转课堂教室的使用频率升高。因此，高校英语教学应充分利用学校现有的教学资源，发挥出资源的最大教学效果，进一步提高学生的英语能力。

3. 扫除学生的阅读障碍

学生在英语阅读过程中会遇到很多不认识的词汇，还可能存在阅读速度慢的问题，这些问题也正是学生在提高自己英语阅读能力的过程中需要克服的。因此，教师在课堂教学过程中就要有重点地就这些问题进行讲解，指导学生掌握技巧。阅读技巧的掌握是在日常学习中逐渐积累起来的。

（四）写作素养培养策略

1. 增加词汇积累量

根据大学英语教学大纲的要求，高校学生的英语词汇量主要分为表达式及领会式两种。表达式词汇主要是指实际应用中的产出性词汇，其要求学生对所学词汇有着正确的理解及发音，并在写作的过程中能正确使用此类词汇，简单来说就是可以应用表达式词汇来进行句子、篇章的输出。而领会式词汇主要是指在英语应用中的接受性词汇，英语教学要求学生在特定的语言环境中可以对此类词汇进行识别及理解。高校学生在词汇的积累过程中可以有针对性地对表达式词汇及领会式词汇进行学习及掌握，同时教师也可以在词汇讲解过程中适当增加构词法的内容，以帮助学生更好地对英语词汇进行了解及记忆，为学生写作能力的提升奠定良好的基础。

2. 加强语法的应用

在进行英语写作的过程中，想要保证文章的质量，则需要对英语词汇及英语语法进行合理使用。因此，在对高校学生写作能力培养的过程中，教师应重视语法教学，以此来减少学生在写作过程中存在的语法错误问题。

3. 改变学生的母语思维

一些高校学生在写作过程中暴露出的"中式英语"问题非常明显，此种情况就需要教师对其语言定式进行改变，帮助其在写作的过程中形成正确的英语思维。对于语言定式的问题，教师应考虑在英语课堂中鼓励学生多用英语进行交流互动，课下布置英语阅读及写作任务，并根据学生实际英语水平推荐相应的影音材料或书籍，使其形成良好的英语思维，使其在英语写作的过程中可以使用地道的英语表达。

（五）听、说素养培养相结合

英语的表达与交流不仅建立在口语表达的基础上，还受到学生听力能力的影响，因此教师可以根据这一特点，将听力和口语训练结合在一起，达到事半功倍的效果。

（六）读、写素养培养相结合

教师可以帮助学生扩大阅读范围，通过英语杂志、网站文章等贴近生活的阅读材料引导学生了解英语国家的文化，使学生在大量的阅读中自然掌握正确的语法，增加词汇量，学习英语文章的逻辑和结构，并应用在自己的写作中。

对于学生中式英语痕迹明显的情况，教师可采用翻译练习进行训练，让学生在阅读中进行小知识点的积累，再逐渐尝试句子的翻译和写作。

第三节　高校英语人才培养质量评价

一、应用型英语人才培养质量评价的必要性与现状

以索绪尔的《普通语言学教程》为开端，语言学研究进入了一个新的发展时期。伴随语言学的持续发展，在推动全球化与构建人类命运共同体的目标推动之下，英语的功能性日益显著。因此，作为培养应用型英语人才的高校，有必要积极按照社会发展对于人才的需求，建立一套科学的应用型人才培养质

量评价体系，增强我国在该方面的优势。目前，高校在应用型英语人才培养质量评价方面的现状可以归纳为两个方面。①

一是目前的应用型英语人才培养质量评价方案，很难培养出数量较多的高水平人才，评价结果与效用之间存在差异，换句话讲，评价方案的应用未能使其评价对象成为预期中的应用型英语人才。

二是新时期高校在"思路决定出路"这一原则方面基本形成了共识，在处理应用型英语人才培养质量评价问题时，认为"引入新思维"非常关键、完善体系极为必要。然而，按照理论与实践之间的统一性观察，中间环节的缺少往往使应用型英语人才培养质量评价的顶层设计方案难以落实。

二、应用型英语人才培养质量评价存在的问题

采用归谬法分析导致应用型英语人才培养质量评价现状的要素，可以找到以下原因：人才定位过于狭窄、评价方法固化单一、评价体系系统性较差。现阶段，高校在应用型英语人才定位方面的理念虽然已经更新，但在具体实践中却没有将其与教学统一起来。

传统时期的英语教学与人才培养质量评价趋于一致，因而形成了一套固有的思维与方法，包括以听、说、读、写为固定模式的结果式评价。这套模式的应用与其产生的结果互相作用且已经成为习惯性思维。所以，在应用型英语人才培养的质量评价方法实践中，一方面受这种固化思维的影响产生了单一评价为主的问题；同时，应用型英语人才培养质量评价新方案的落实依然阻碍重重。另一方面，虽然一些高校在"互联网+英语教育"改革中，也创新了许多人才质量评价方案，然而，由于未能在整个方案构建中选取适用于英语教学的有效思维方式，其结果是既不能发挥出评价方法的有效性，也不能在根本上使评价方法趋于统一。

传统时期与新时期的应用型英语人才培养质量评价体系的构建逻辑都是教学与质量评价相统一。传统时期的评价体系系统性较差，主要体现在两方面：一是教师职业化评估与教学质量评估分离；二是针对学生主体的质量评价体系缺乏与所需培养的能力——对应的评估指标，因此导致了体系的可操作性大打折扣。

---

① 吴朝霞. 应用型英语人才培养质量评价研究［J］. 昌吉学院学报，2018（4）：82-86.

第六章　高校英语人才培养理念

在全球化速度加快的推动下，世界各国在每个领域都存在合作与交流，英语人才得到了更广阔的发展空间。当然，这也为高校英语人才培养提出了新要求。高校的大学英语教育不能继续停留在过去的教学模式中止步不前，而应当及时更新和引入先进的教育理念，充分利用多元思维和多元渠道培养人才。基于此，本章选取数字化育人、全人教育理念、以人为本的教育理念、成果导向教育理念四个具有代表意义的先进教育理论，探讨其在大学英语教育中的现状、意义及应用等问题。

第一节　数字化育人

一、数字化育人的必然性

高校英语数字化育人的核心要义是利用现代化信息技术为英语教育内容、方法、环境等系统赋能，提供更具个性化、多样化、智能化、精准化、科学化的英语教育服务，更好地实现立德树人的根本目标。

（一）人类社会发展进步的必然要求

教育始终是人类社会发展的重要动力，由人工智能、物联网、机器人等所带来的物理空间、网络空间和生物空间融合引领的新工业革命，必将重塑教育的新样态。数字化、网络化、智能化的技术革命引发深刻的教育变革，大数据、云计算等手段能够最大程度地收集和整合教育资源，使未来教育"变成一种数据链接、数据沉淀、数据组接的过程，是一种精准整合数据、处理数据的活动"。①

（二）教育现代化发展的客观要求

教育现代化是社会现代化的重要构成要素，是实现社会现代化与人的现代化发展的基础。英语教育作为高校教育体系中的基础课程，担负着为社会现代化发展造就语言人才的重任，需要持续推进自身的现代化发展，不断适应社会实际情况。在新一轮的科学技术革命中推进英语教育现代化的发展，就是要构建智慧英语教育平台，积极适应和利用中国式现代化发展带来的教育物质环境的变革，运用大数据、人工智能、VR、云计算等现代化手段，进行有效发展，适应社会发展所需要的英语教育理念、内容、方法、载体、管理的现代化。

二、大学英语教学中数字化育人理念缺失的表现

（一）传统教育理念与智慧教育理念存在差距

智慧英语作为一种先进的教学理念，与传统理论存在一定冲突，主要体现在以下三个方面。

1. 育人理念的程序性思维与开发性思维

程序性教学思维强调教学过程的固定化、程序性，强调按照固定的模式和路线开展高校英语教育。这种方式虽然具有节省教师时间和精力的优势，但在一定程度上会扼制英语教学的活力与创造力，忽视学生的个性化成长需求。开发性思维强调教育中双主体的能动性，强调教师的主动构建和学生主动性的发挥，以及时有效的教学反馈，以此提高英语教育的实效性。

2. 育人方式的"教、服、管"与"启、引、智"

智慧英语不是通过压迫式的"教"达到便于管理的效果，也不是依靠技术实行填鸭式学习，而是利用智能化技术启发、引导学生，帮助学生形成高阶思维，塑造高阶人格。

3. 育人手段的"以技辅教"与"技教融合"

在传统教学模式中，技术只是作为教学的辅助工具使用。智慧英语强调技术与教学的深度融合，在技术与教学的深度融合中汇聚教育的合力，增强育人实效。

---

① 吴满意，王丽鸽. 从精准到智慧：思想政治教育创新发展的根本态势分析［J］. 马克思主义与现实，2019（4）：198-204.

（二）资源整合程度低且供给分散

智慧英语建设离不开海量数据资源的支撑，数据越多，可供给的教育资源越多。但在现实中，海量数据的采集、管理与运用出现了很多问题。

1. 数据资源采集不完全

传统粗放式的管理模式导致大量数据资源尚未采集，已被采集的数据也存在残缺、零散等问题，导致数据不完整，没有完成应用转型，难以发挥大数据的育人效果。

2. 表层数据冲击学生认知

大量零碎的、非结构的、非逻辑的表层数据，给学生带来严重的认知负担。因此，智慧英语要对表层数据进行整合，根据学生的兴趣偏好精准推送和匹配，以数据资源的精准化定制和系统化呈现使学生的学习更加系统科学。

3. 海量数据难以共享

各个高校都在开展英语教育，资源分散在不同主体之间，呈现出私有化、碎片化特征。受限于数据鸿沟和技术壁垒，英语教学资源内容重复、数据不通用、资源浪费等现象广泛存在，缺乏有效统筹，共享难以实现。因此，要积极拓展资源广度和深度，筛选、整合精品资源，形成兼具科学性、人文性和共享性的数字化育人资源。

（三）队伍协作弱且推广融合缓慢

从技术与教学的融合角度来说，智慧英语面临着整合海量零散的表层数据的问题，需要专业技术人员通过专门的技术设备进行收集、整理、分析和整合，经过专业化处理后才能变成有效的教学资源。但是，目前大数据在高校英语教学工作中的运用仍处于早期发展阶段，智能软硬件基础设施不完善，智能技术与英语教育还处在磨合期。

三、大学英语教学中应用数字化育人的路径

（一）加强育人资源"云供给"

加强育人资源"云供给"无疑是进行教育资源有效配置的重要举措，是满足高校教育资源共享需求、促进高校英语教育信息化改革、提高人才培养质量的必然选择。

1. 打造综合集成的智慧英语教育平台

首先，要将智慧理念充分融入教育平台打造和运行的全过程。智慧英语平

台不是高校英语课教学的辅助工具，而是教学活动的深度参与者，平台建设必须在技术支持的基础上强化技教融合理念，充分发挥智慧平台的优势。其次，要坚持集成共建原则，由政府牵头、高校协作、社会支持，最大程度整合优质教育资源。最后，提供个性化资源供给。在整合精品资源的基础上，利用人工智能和大数据技术优势，通过对资源使用的跟踪反馈、过程性数据收集、个性化资源推送等手段，为广大教师和学生提供个性化服务。

2. 切实提高师资水平，实现优质师资供给

高质量的教师资源决定着高校智慧英语育人的质量与成效。而建设高质量的师资队伍，首先需要充分引导教师群体增强智慧英语教育理念。高校应着重从思想上打破当前对智慧英语的认知困境，培育教师群体的智能思维，引导英语教育工作者以智能思维、数据思维来分析和解决问题。其次，提升智能技能和素养。高校还应立足智能技术，通过宣传引导、教育培训、典型示范等方式，引导和鼓励教师积极学习和创新转型。

(二) 打破育人场景"次元壁"

虚拟技术极大地拓展了英语教育场域，可以通过虚拟技术将英语教育场域从"现实态"延伸到"虚拟态"，从而在网络云端构建出高度智能化的仿真实践场①，打破育人场景的"次元壁"。首先，坚持以立德树人为目标。其次，要科学选择虚拟仿真内容。在设计虚拟仿真内容时，要依据教育目标选择符合教育规律和教育对象身心发展规律的、与虚拟仿真技术匹配度高的教学内容。最后，要打造虚拟仿真场域。虚拟仿真实践平台的打造依赖增强现实、混合现实、虚拟现实等技术创设情景，打造虚拟博物馆、虚拟纪念馆、虚拟档案馆等虚拟实践场域，使教育对象在高感知、全息化、沉浸式的情境里获得丰富体验。

(三) 实现育人效果"云定制"

在英语教育的传统模式中，我们更多的是强调社会的发展需求，忽视了人的个性化发展需求。智慧英语能够对教育对象精准供给、精准追踪，实现育人效果"云定制"。

1. 精准画像

智能技术能够利用现代化技术手段，动态监测学生的注意力程度、情感情

---

① 崔建西，白显良. 智能思政：思想政治教育创新发展的新形态 [J]. 思想理论教育，2021 (10)：83-88.

绪状态、行为方式，通过算法处理和分析数据，建立学生模型，研判学生的关注类型、知识偏好、需求内容等。

2. 精准投放

在精准画像基础上融合音频、视频、图像、文字等形式，依据学生的个体需要、个体偏好和学习风格提供精准化的内容，及时强化资源供给。

第二节　全人教育理念

一、全人教育的概念

全人教育兴起于 20 世纪 70 年代的美国，进而对全球产生深远影响。就其教育目的而言，全人教育把教育目标定位为在健全人格的基础上，促进学生的全面发展，让个体生命的潜能得到自由、充分、全面、和谐、持续的发展。[①]

全人教育强调人的整体全面发展，注重学生人文精神的培养，鼓励跨学科的互动与知识的整合，关注人生经验，促使学生养成对所处文化、道德、政治环境进行批判性思维的能力。它肯定人的价值、尊重人的个性、彰显人格的完整性，提倡人与自然、人与社会乃至人与宇宙间的平衡关系，是一种理想化的教育理念，是一个较之素质教育"更为高质、更为内在、更为深入"的教育理念，为审视和反思我国当前的高等教育现状提供了新的视角。

在大学英语教学中融入全人教育理念，就是在大学英语教学中以学生为核心，通过对大学英语的课程建设、课堂教学、教师培训和具体教学实践等活动来健全学生人格、丰富学生知识、健康学生身心，以促进大学生的全面发展。

二、大学英语教学应用全人教育理念的意义

（一）与我国当前教育发展战略密切相关

将全人教育理念融入大学英语课程教学中，更有利于培养具备听、说、读、写、译全方位知识技能的英语综合型人才，有利于培育具有语言文化意识的跨文化人才和具备国际视野、批判性思维的复合型人才，从整体上助力培养

---

① 刘宝存. 全人教育思潮的兴起与教育目标的转变 [J]. 比较教育研究，2004（9）：17-22.

德智体美劳全面发展的社会主义建设者和接班人。全人教育以"人的整体全面发展"为核心的理念以及重视教育的"全面性""多元性""差异性"的特点，成为顺应当前构建全员育人、全程育人、全方位育人的教育格局下所提出的新要求和新挑战的教育理念。

（二）为促进人的全面发展而服务

全人教育首先重视教育的全面性，即教育不仅是某个知识技能或某种知识技能的传递，更是知识与知识间的联系、渗透与融合，是学科与学科间的交互、联结与贯通，这样的教育方式才有利于多元培养目标的实现，助力学生成为具备全面知识和技能的复合型人才；其次，全人教育重视教育的多元性，即除了智力以外，还关注受教育者的品德、心理、审美、人格等方面的多元发展。同时，在教学方法和教学评价上，全人教育也提倡多样性，有利于培养学生的综合素质；再次，全人教育也重视教育的差异性，即提倡因材施教，充分挖掘学生的个人潜力，最大化地激发学生学习的主动性、积极性、创造性，使学生能发挥自身优势，获得自主学习带来的满足感和成就感。

教育的终极目标是促进人的全方位发展，大学英语教育也应是为实现教育的终极目标服务的。事实上，大学英语的教学目标就是要培养学生的全方位发展：要通过大学英语课程的工具性和人文性培养学生的英语语言综合应用能力，增强他们的跨文化交际意识和交际能力，发展他们的自主学习能力，提高他们的综合文化素养，培育他们的人文精神和思辨能力。大学英语的人才培养目标也是为教育的终极目标服务的，旨在培养能满足国家、社会、学校和个人发展需要的全面发展的人才。全人教育以"人的整体全面发展"为核心的理念以及重视教育的"全面性""多元性""差异性"的特点，为大学英语"教什么""怎么教"指明了方向，为解决教育的根本问题——"培养什么人""怎样培养人"提供了方法。在大学英语课程中践行全人教育理念是为促进人的全面发展的终极教育目标服务的。

（三）高度呼应课程思政建设大局

课程思政是当前我国高校各类课程面临的新课题和新使命，它是一种以各类课程为载体，融入思想政治教育理念，把学科知识转化为育人资源，实现知识传授与价值引领有机统一的教育理念和思维模式。

综观课程思政的教育理念，"立德树人""价值引领""育人功能""全面发展"是关键词。可以说，大学英语课程践行全人教育理念高度呼应了课程思政建设大局。

三、大学英语教学中全人教育理念缺失的原因

近年来，在大学英语教学中全人教育理念缺失的原因较为复杂，但其主要原因有以下几个方面。

（一）大学英语学时的缩减

由于大学英语属于公共基础必修课程，在一定程度上并没引起一些学校的重视，甚至在个别学校有挤占和削减大学英语学时的现象。正因如此，导致了大学英语授课课时严重缩水，连知识的系统性都无法保证，更不用说践行全人教育理念了。

（二）大学英语教育的应试倾向

由于学时的缩水，教师在课程设计时也只能"因课时而宜"。为了在规定的课时内完成教学计划，教师只能有选择性地侧重知识方面的讲授，忽略了对学生思想品德、社会规范、健全人格、心理健康等方面的培养。

（三）大学英语学习的功利性

目前，很多学生对大学英语课程的学习也带有明显的功利性。他们学习大学英语课程的目的是期末考试拿学分，拿四、六级证书好找工作、考研等。学习对于大学英语学习的功利性较强，自然也就谈不上全人教育了。

四、在大学英语教学中应用全人教育的路径

（一）给予大学英语充足的学时

各大学在制订学科教学计划和学时分配时，应根据《大学英语》的人才培养目标和《大学英语教学指南》的相关精神给予大学英语课程足够的课时，让学生能系统地、完整地学习大学英语的相关知识，促进大学生在知识、能力和综合素质等方面的协调发展。

（二）提升学生的综合素质

英语教师在授课过程中应注重对学生综合素质培养。在授课过程中需要进行通盘考虑、精心设计，将课程思政、心理健康、优秀传统文化、优秀西方文化等有机融入大学英语教学之中，才能在夯实学生英语语言技能的同时培养学

生的文化自信、社会主义核心价值观和对西方文化的鉴别能力，从而健全学生的自身人格和心理，提高学生的综合素质。

（三）学生自身重视人文修养

对学生而言，大学英语课程是人文教育的重要组成部分，具有工具性和人文性双重性质。大学英语的工具性就是培养学生运用英语进行日常交流和进行职业领域交流的能力，人文性是接受和学习跨文化教育。所以，学生在大学英语学习中要注重其人文性。

（四）多种英语教学途径促进全人教育

各高校应该根据具体情况开设与大学英语相关的通识选修课程；同时，鼓励学生参加各种与英语相关的竞赛和活动，从各方面多渠道、多途径、系统地加强学生对英语语言知识的运用并提高学生自身的文化修养及综合素质。

（五）鼓励学生的人际交往和跨文化交流

大学英语作为一门语言文化课，应该将外部世界、社会关系和具体的文化背景联系起来。学生应多加强与学校、教师和同学之间的沟通和交流，了解彼此的目标和需求，并在此基础上向社会延伸。在沟通和交流中学习实用知识、克服自身的缺点并促使自己逐渐成长和进步。同时，在提高竞争意识的同时也应注意培养学生的人际理解能力、理性思考能力，并逐渐帮助学生树立对社会和世界发展的正确认识。

（六）优化学习资源

在大学英语教学中，激励学生充分利用学校图书馆、学院阅览室等纸质媒介和学校电子图书馆等网络媒体资源加强自身的文化知识、道德情操、艺术修养、生活经验和身心健康等方面的学习，使学习资源能够得到全面整合和充分利用。

第三节 以人为本的教育理念

一、以人为本的概念

以人为本是指从人出发、以人为最终根据和最高目的去考察、说明和处理一切问题的世界观和哲学。以人为本的教育理念就是在教学中把学生作为教育的出发点，将学生的发展放在教育的第一位。

以人为本的教育理念，就是把人作为教育的出发点和归宿，把满足人的生存和发展需求作为教育的核心价值和诉求。它包括三个层面的含义：一是关注"每个人"，二是关注人的生存和发展，三是关注人格的启蒙和升华。在教育过程中坚持以人为本的教育理念，注重培养学生的主动性和创造性，培养学生良好的职业道德、热爱劳动的审美情操和专注工作的创新能力，培养良好的团队合作精神和良好的社会交流能力，使学生在与人和谐相处的过程中最大限度地实现自我价值和社会价值。

二、大学英语教学中以人为本理念缺失的表现

首先，当前中国很多大学英语教学仍没有摆脱传统教学方式的束缚，课堂教学中缺少交际和互动，不利于学生英语应用能力和英语复合型人才的培养。

其次，大学英语的教学仍受到应试教学的影响，大学英语测试还是比较重视语言的知识和形式，忽略语言能力的实际应用。

再次，高校存在英语师资短缺的问题，师生间缺少交流和讨论，不利于学生调动各种感官积极投入课堂的教学活动中，无法给学生提供宽松愉快的学习氛围。

根据上述大学英语教学所面临的困难和要求，为了满足社会和经济发展对英语人才的需求，大学英语教学改革的重点应该在以人为本教育理念的指导下，改变传统的教学方式，在教学中以学生为中心，让学生全面参与、独立思考、自主学习，提高学生的语言综合应用能力，促进学生素质的全面提高。

三、在大学英语教学中应用以人为本教育理念的路径

（一）确立以学生为主体的教学理念

在英语教学活动中，学生英语学习效果的好坏、教师教学时效性的高低与学生主观能动性的发挥以及其主体性能否得到体现息息相关。可以说，学生课堂表现的好坏与其在课堂教学过程中的学习兴趣密切相关。确立以学生为主体的教学理念，能够调动学生的学习积极性，是以人为本教育理念在大学英语教学中的实际体现。

（二）教师角色的复归

教师必须具备深厚的专业知识，才能得到学生的认可和尊重。教学活动是由教师的"教"和学生的"学"共同构成的，二者缺一不可，英语教学水平的提高，既需要学生主体性的彰显，也离不开对教师教学活动的认可以及对教师素养的培养和提高。目前，对英语教学的研究越来越强调学生在教学活动中的主体性，但是教师在英语教学过程中的重要地位也不能忽视。衡量学校办学水平高低的指标有很多，但是师资队伍水平的高低，无疑是其核心的要素之一。

英语教学工作要在人本主义的教育理念下，树立尊师重教的传统和意识，认识到教师在教学质量和学校办学水平提升中不可或缺的作用，学校要为教师的发展提供完善的制度保证，为教师创造良好的英语教学氛围和环境。而英语教师也要认识到作为教师的基本职责，发挥主体性，通过不断学习提高英语专业技能和水平，为实现高效教学奠定坚实的基础。[①]

（三）新型师生关系的构建

罗杰斯的人本主义理论提出了建立平等和谐师生关系的重要性，指出了教学不仅是知识的输入和输出过程，也是交流与合作的互动过程。师生关系可以说是教学活动中的核心关系之一，良好的师生关系为教学提供了良好的"教与学"氛围，最大限度地发挥各自的主动性，为有效实施各种教学策略打下坚实的基础。学生作为独立存在的社会个体有无限的发展可能性，教师所要做的是引导和帮助学生学习和发展。同时，教师也有自己所独有的教学理念与风格，那么教师的教学理念与风格是否能与学生的学习很好地融合在一起，就取

---

① 姚姿如，杨兆山. 以人为本教育理念的意蕴 [J]. 教育研究，2011（3）：17.

决于是否有良好的师生关系。

由于对传统英语教学中师生关系认识的固化思维的存在，在师生关系的构建中，教师是处于主动地位的，因此，调动学生的主动性，让学生也成为和谐师生关系的积极建构者，是在以人为本教育教学理念下，对英语教学中师生关系重构的必然路径。

（四）人本化教学评价的实施

在英语教学过程中，教学活动的成功与否最后要以教学效果的形式来体现，教学效果的好坏则反映在教学是否有效促进了学生英语水平和能力的提升，这种水平和能力的提升要通过一定的考核方式和手段来体现，即如何对学生的学习情况进行评价。

教学评价以人为本，注重人性化的要求，不仅考查学生实现课程目标的程度，更是为了改进师生的教与学的关系，促进学生的发展。因此，从教学评价的方面来说，实现从功利化到人本化的转变，使得英语教学评价建立在促进英语教学发展、有利于师生共同进步的基本思想之上。

第四节　成果导向教育理念

一、成果导向教育的概念

成果导向教育最早是由米歇尔和斯派蒂在 1978 年提出来的。1994 年，斯派蒂在《成果导向教育：关键问题与答案》一书中系统阐述了成果导向教育的内涵、要素、实施方法及需要面对的变化。他指出，成果导向教育意味着"围绕学生学习结束后获得成功的关键，来明确地聚焦与组织一切教育活动"。

二、大学英语教学中成果导向教育理念缺失的表现

（一）重语言教学，轻文化教育

多年来，大学英语教学中的应试导向可谓根深蒂固，有些教师对跨文化外语教学缺乏足够的认知。近年来，虽然教育部门和部分学者对于学生跨文化能力的培养和跨文化外语教学呼声较高，跨文化能力的研究也日渐繁荣，但是从

整体来看，大学英语教师对于跨文化能力和跨文化外语教学的重要性认识不足。即便是教师上课时引入了一些文化内容，但也只是浅尝辄止，没有深入剖析和讨论，而且和主题教学对接不够，把语言学习和文化学习割裂开来，致使课堂效果大打折扣。

（二）重语言形式，轻思辨思维

无论是口头输出还是书面输出，大学英语教师往往重语言轻内容、重模板轻创造。尤其是在口语练习中，英语教师往往注重基于框架的模仿，忽略了在模仿基础上的创造。再加上教师本人在多年的求学和工作中，一心研读英语专业类书籍，很少涉猎跨学科知识。在跨文化教学中，教师对学生的跨文化能力的培养渠道仅仅局限于以中外文化阅读文本作为载体，对学生的思维训练引导不足，从而使学生的思维长期处于被动接受状态，缺少思考和创新，学生的思辨能力难以养成。

三、在大学英语教学中应用成果导向教育理念的路径

部分高校的大学英语教学并不能使学生具有英语的实际运用能力，偏离了国家高等教育的人才培养目标。基于此，构建以成果导向教育理念为指导、以培养学生英语综合能力为目标，关注学生主体地位，实施动态教学和以能力评估为主体的大学英语教学模式十分重要。

（一）教学模式分析

1. 注重培养综合能力

与传统的大学英语教学模式不同，成果导向教育理念下的大学英语教学以学生毕业时应取得的学习成果——英语综合能力为目标，关注学生的英语语言知识、英语综合技能和跨文化交际能力。在该教学模式中，教师从学生的英语表达形式和功能两方面设计教学内容，引导学生主动学习英语语言知识；同时，在教学过程中搭建相关主题情境，锻炼学生听、说、读、写、译五项技能，全面提升学生的英语综合能力。

2. 重视学生的主体地位

从学生的预期英语学习成果以及学生未来的职业需求出发逆向设计教学，明确学生应学习什么英语知识、怎样去实践这些英语知识。从学生的内外部需求出发，积极创设学生愿意参与的英语课堂，根据学生参与英语学习活动程度适时调整学习内容，使他们在学习英语知识的同时进行实践练习。

3. 实现动态灵活教学

相对于传统英语教学模式下教师对学生的单向知识输出，成果导向教育理念下的大学英语教学过程更加灵活、动态化。教师基于学生情况来安排英语教学内容，学生可以根据实际情况选择符合自己英语水平和能力的教学内容。同时，教师在日常口语交际情境及课后任务的完成过程中对学生的英语学习情况进行动态监控，对学生的薄弱环节给予及时反馈并强化。

4. 以能力作为评估主体

在成果导向教育教学模式中，学生的英语成绩、能否通过大学英语等级考试将不再作为教学评价的标准和教学的主要目标。教师要在单元教学、阶段教学、学期教学结束后，根据学生的预期学习目标设计相应测试，应用形成性评价和总结性评价相结合的方法来评估学生的实际英语综合能力，并通过及时反馈促进学生英语知识的掌握、英语口语的熟练运用，帮助学生达成预期能力指标。

(二) 教学模式实施

成果导向教育理念下大学英语教学模式的实施要从转变教育观念、规范教学环节、优化英语课堂教学以及开展个性化评价四个方面着手。

1. 转变教育观念

这涉及教师、学生以及教育管理部门三个方面。教师要逐步减少对课堂的掌控，积极引导学生参与英语学习，构建师生共同参与式课堂；同时，以学生的英语实际水平和英语综合能力指标为依据制定英语教学目标，反向设计英语教学内容。对于英语学习主体的学生而言，要转变把英语考试成绩作为首要任务的观点，改变一味地接收教师讲授知识的学习方式，要在课堂上积极参与教师组织的交际情境，逐步养成自主学习英语的习惯。同时，教育管理部门也要支持、引导和鼓励运用这一模式。

2. 规范教学环节

做好成果导向教学模式规定的各个环节，即定义学习产出、实现学习产出、评估学习产出和使用学习产出。[①] 教师在分析学生英语学习需求的基础上预期学习产出，以此制定教学目标，设计灵活多样的英语教学活动。在课堂教学中教师要充分调动学生的积极性，帮助学生有效掌握英语知识，鼓励学生在生活中运用所学的知识解决实际问题。

---

① 顾佩华，胡文龙. 基于"学习产出"（OBE）的工程教育模式——汕头大学的实践与探索 [J]. 高等工程教育研究，2014（1）：27-37.

3. 优化英语课堂教学

成果导向教学模式下的课堂教学要实现从灌输向对话、从封闭向开放、从知识向能力、从重学轻思向学思结合等几个转变。[①] 英语教学不再是单向的知识灌输，而要在学生最终将取得的英语学习成果的基础上，关注学生听、说、读、写、译综合能力的培养与实践。依据英语知识目标和综合能力指标反向设计英语教学，根据课堂反馈结果不断调整教学进程，优化教学方法，最终实现英语教学目标。

4. 开展个性化评价

由于学生个体间存在差异，所以对于不同能力、不同水平的学生，他们的目标达成情况并不相同，因此，教师要结合学生实际实施个性化评价。

（三）教学模式的意义

成果导向教育理念指导下的大学英语教学模式将对我国英语教学改革与发展、教师技能的提升以及学生综合能力的培养产生积极作用。

1. 提高英语教学质量，优化英语教学结构

在成果导向教育理念下的大学英语教学模式中，通过评估学生英语学习成果，能够及时掌握学生的学习情况，根据实际教学情况及时调整阶段性教学目标，进行师资培训，从而优化英语教学结构，提高英语教学质量。

2. 提升英语教师专业能力及教学技能。成果导向教育理念下的大学英语教学以阶段性的英语知识目标和综合能力指标为指引，教师需要根据不同目标选择适合学生需要的教学内容，采取灵活多样的教学方法帮助学生达成目标，促进教师不断完善自身英语专业知识体系，并在实践中优化英语教学技能。

3. 促进学生个性化发展，培养英语综合能力

在成果导向教育理念下的大学英语教学模式中，每个学生都有明确的阶段性目标，为达成目标学生需要充分利用各种资源，参与不同类型的英语学习活动。教师不再以学生的考试成绩情况对其进行评价，而是根据目标达成情况对学生进行考核。

---

① 李志义. 解析工程教育专业认证的成果导向理念［J］. 中国高等教育，2014（17）：7-10.

第七章　高校英语人才培养模式

数字技术给高校英语教学带来了挑战与机遇，同时，也催生出不少英语数字化教育新模式，这些模式为高校英语人才培养注入了新的活力。依托数字化教育模式培养英语人才，人才培养的质量将能够获得保证，同时，英语人才的信息素养也能获得显著提升。

第一节　数字化教育新模式

一、高校英语数字化教育新模式的优势

（一）能够有效拓展学生学习的时间和空间

高校英语数字化教育新模式是依托信息技术形成的，因此它具有信息化的特征。教师在利用这一模式开展英语教学时，可以从网络平台上收集英语教学资料，从语料库中选择恰当的语料，并利用这些资料制作教学视频，之后将教学视频上传至网络教学平台上。学生可以根据自己的需要随时随地登录平台进行学习，教师则可以利用网络教学平台对学生进行监督和指导，给学生设计多样的语言活动，引导学生运用已掌握的知识对语料库中语料的语法规则、语用特征、语义表达等语言现象进行观察、分析、归纳、总结，引导学生进行发现式或验证式的学习。由此，教师就能将传统的英语课堂教学延伸到课外，能够有效拓展学生的学习时间和空间，满足学生的个性化需求，促进学生进行个性化学习和自主学习。①

---

① 位巧. 基于网络教学平台的英语数字化教学探索 [J]. 教育观察，2020（29）：101-103.

（二）为学生提供新的学习方式，推送学习资源

传统英语教学中，英语教师通常利用英语教材开展教学活动。英语教材内容全面，逻辑结构清晰，能够帮助教师开展英语教学活动。但英语教材的更新次数、频率有限，以至于教师很难从中提炼出一定数量优质的语料，学生也无法学习与掌握较新的英语知识，无法以新的学习方式开展学习活动。

英语教师在运用英语数字化教育新模式的过程中，能够充分利用信息技术，依托网络教学平台，充分挖掘各种各样的网络英语教学资源，这就有效丰富了英语教学内容体系。英语教师在分析教学目标的基础上，可以利用微信群、QQ群给学生推送英语音视频学习资源。同时，教师也可以多与学生交流，了解他们实际的英语学习需求，从而为其有针对性地提供英语学习资源。

（三）有利于教师分析学情，实施精准教学

教师利用高校英语数字化教育新模式开展英语教学是提升英语教学质量的有力举措。高校英语数字化教育新模式的实施需要网络教学平台的支持，教师要摆脱过去传统教学思维的束缚，灵活地运用网络教学平台。

在网络教学平台上，教师能够精准记录学生的学习痕迹。学生签到、登录平台的具体时间，观看视频的时长，各任务点的完成情况，线上测验的成绩，这些数据都能被网络教学平台记录下来，直观地反映每个学生的学习情况，帮助教师跟踪、监控学生的学习过程，为教师分析学生的学习行为提供依据。

此外，基于对每个学生学习轨迹的跟踪、记录，通过教学视频的线上测验成绩等统计数据，教师可以兼顾不同层次的学生，对学生进行及时的督促和指导。这些统计数据也为教师及时反思自己的教学活动提供了参考，有利于教师进行教学内容的选择、教学活动的设计等。通过追踪、透视学生的学习轨迹，教师可以反思自身的教学行为，调整教学的步调，从而实现精准教学。

二、高校英语数字化教育新模式探索

（一）高校英语数字化教育资源共享新模式

1. 数字化教育资源共享的优势

（1）可以节约教育资源共享的成本。对于高校数字化教育资源共享模式来说，其最大的优点便是可以对如今的高校教育资源进行有效的整合与优化，

有效减少了各高校之间资源重复购买的情况。① 并且，因为这一模式是以云计算技术为基础发展而来的，因此，它对于共享过程中硬件设备的实际需求并不是很大，两相结合之下便可以在教育资源共享过程中节省大量的成本，从而有效缓解教育资源共享资金不足的问题，促进我国教育资源共享的持续进行，为学生提供更加优质的教育资源。

（2）可以跨区域、跨平台实现教育资源的共享。高校数字化教育资源共享模式是基于云计算技术得以实现的，因此，通过云计算技术实现云共享之后的高校数字化教育资源也可以实现跨区域、跨平台的资源共享。高校将本校的各种数字化教育资源上传到数据服务中心，数据服务中心则需要对高校上传的数字化教育资源进行全方位的整合与优化，并存储在数据服务中心。只要用户可以与数据服务中心通过互联网进行连接，就可以获取高校存储在数据服务中心中的各种数字化教育资源，从而提升高校教育资源的普及性与共享性，真正意义上实现高校教育资源的共享，有效改变我国社会教育资源供需不足的现状。

（3）可以提高教育资源的利用率。在完成高校数字化教育资源共享以后，各高校内部的教育资源便可以通过互联网实现跨区域、跨平台的资源共享。这样，不仅可以有效提升高校数字化教育资源的利用率，让更多的学生可以通过互联网使用原本局限在某一高校内部的各种教育资源，还可以让各高校根据云共享的教育资源实现资源整合与优势资源互补，最终实现高校之间的信息交流沟通。另外，还能为各大高校营造良好的学术交流氛围，促进高校内部学生与教师的发展。

2. 高校英语数字化教育资源共享新模式框架构建

（1）访问控制机制。高校英语数字化教育资源共享新模式使学生享有较大的自主权，每个学生都可以共享英语学习资源和发出资源请求。但是，高质量的英语数字化教育资源的研究与开发，需要大量的前期投入。因此，在英语数字化学习资源共享的过程中，并非所有高校的英语学习资源都对外界公开。为实现这一目标，各大高校应该建立有效的共享访问控制机制，根据资源请求实体的标识、类别或能力来确定权限，并授予相关高校的师生相应的访问控制权限。

在英语数字化学习资源共享访问控制机制中，平台可以为每个学生设置一个安全标志，这个标志由可信的第三方认证机构赋值，学生不能改变。安全标志为请求访问的学生和被访问的资源对象标识出了相应的安全等级，从而确定

① 唐宜清. 高校数字化教育资源云共享模式与机制分析［J］. 无线互联科技, 2019（21）：88-89.

了相应的访问控制权限。平台在处理一个访问请求时，访问控制策略可通过共享文件的安全等级与资源请求者的安全标志级别进行比较，决定是否允许学生访问。

（2）教育资源发布。英语教师可通过信息资源发布的方式，将英语数字化教育资源的内容、用途、定位、访问权限及使用等细节公开，在资源共享新模式上形成发布公告，从而为学生提供最直接的英语学习资源。为了克服传统模式下英语学习资源的集中式发布和访问缺陷，新的英语数字化教育资源共享模式采用了集中式和分布式相结合的方式。

（3）学习资源检索与定位。英语数字化教育资源共享新模式的网络化共享环境由分布在不同区域的学生用户节点构成，每个节点都可能是拥有教育资源的独立主机，节点之间靠普通的互联网拓扑结构连接，文件信息以分片方式分布于不同的节点中。共享的英语数字化资源可以是各种类型的，如教学视频、图像、文档和网页。根据共享内容的不同，查询也有不同的形式，可以是文件的关键字或元数据等。[①] 这样的分布式和集中式相结合的查询，能够帮助学生在海量的英语数字化教育资源中实现资源的快速定位。

（4）客户端服务。随着多媒体英语数字化教育资源的急剧增加，传统的文件式教育资源下载方式已经不能满足现代英语数字化教育应用平台的需要。为了适应新形势下多媒体数字化英语教育资源的共享需求，平台可以在学生用户终端提供两种主要的服务模式，供其灵活选用：一是保留传统的英语教育资源下载服务，让学生用户在必要时将学习资源下载到本地，以便在适当的时候进行学习；二是提供流媒体播放服务，学生用户可以根据需要实时共享远程的英语数字化多媒体资源。

（二）高校英语数字化教育协作学习新模式

1. 英语数字化教育协作学习新模式的特点

在英语教学中，学生之间的交流是必需的，而小组协作学习则是一种行之有效的方法。英语数字化教育协作学习新模式的特点表现为以下几点：①它能突破原有英语教学的封闭状态，把学生置于一种动态、开放、主动、多元的学习环境中，为英语数字化教学提供必要的手段；②网络可为学生的英语学习提供多样的外部刺激，这有利于知识的获取和保存，而英语资料的图文并茂又能使学生产生强烈的学习欲望；③超文本可以帮助学生实现对英语资料最有效的

---

① 綦小芹，佘丽丽. 移动互联网环境下数字化教育资源共享新模式研究［J］. 内江科技，2022（5）：80-81.

管理；④学生组成学习小组之后，需要共同完成一个任务，每个小组成员要利用丰富的网络资源，充分发挥自己的主观能动性；⑤学生通过探讨、研究，能够促进自身能力的提高，丰富自己的英语知识体系。

2. 高校英语数字化教育协作学习新模式设计

（1）创设网络协作学习环境。

①学生应以计算机网络为媒体工具，与他人展开英语协作学习；②小组成员可以与同伴、教师展开协作，在网络的支持下共同完成英语写作；③QQ、微信群中的成员彼此之间可以相互发送自己对于某些英语问题的看法；④教师需要利用超媒体这一信息组织方式充分激发学生的联想思维，提升其自主探索英语知识的积极性。

（2）确立英语数字化教育协作学习活动的目标。

①教师可利用英语实践活动，让学生探讨、研究英语数字化教育协作学习新模式的优点和缺点，使其能认可并接受这一模式，这样能够保证英语教学的效果；②学生能够获得丰富的英语学习体验，积累大量的英语学习资源，提高自己的英语应用能力；③学生能够利用互联网进行学习，与其他同学展开合作交流，获取更多新的英语学习方法；④通过英语协作学习，学生能够形成较强的合作意识。

（3）设计英语数字化教育协作学习的主题。

教师可以从互联网上收集一些英语故事，并将其作为英语数字化教育协作学习的主题，这是因为这些故事往往能激发学生的想象力，提升其学习积极性。而且，因为英语故事的发展走向是不确定的，学生在讨论这一主题时就能为其所吸引，想要了解故事的结局。这样的主题能够培养学生的发散性思维，提高学生的英语能力。

（4）设定英语数字化教育协作学习小组的基本结构。

活动主题确定之后，教师要组建英语数字化教育协作学习小组。各组成员分别进行故事接龙，每人负责撰写1~3段故事，故事不宜过短或过长。组长在主题讨论帖上先发言，其他组员则可以跟帖，一起讨论。最后，教师以及其他同学可以对他们的讨论结果进行评价。

（5）英语数字化教育协作学习效果的评价。

评价标准：故事应具有精彩性、衔接协调性、内容连贯性等特征。

评价方式：第一，小组评价。通过小组间的相互评价，各组可以找到对方的不足，这也有助于其英语能力的提高。第二，个人评价。学生通过网络平台能够看到自己与别人英语学习的差距。在自我评价中，他们往往能发现自己英语学习的劣势，并在以后的学习中积极地化劣势为优势。

第二节　工学结合模式

一、数字化工学结合英语人才培养模式概述

数字化工学结合英语人才培养模式以市场需求为导向，以增强学生的就业竞争力为目的，以数字化技术为支撑，有力地推动了工作内容与英语专业教学内容的结合，培养出具有良好实践能力和职业素养的英语人才。高校与企业能够通过工学结合人才培养模式展开深度合作，共同明确人才培养的目标，制订出切实可行的育人方案。企业负责为学生提供场地、设备、资源、实习岗位、技术等方面的支持，使学生能够提前适应工作环境。高校实施数字化人才培养模式可以有效提高英语人才培养的质量水平，培养出大批适合相关工作岗位的优秀英语人才，解决毕业生就业难的问题。在工学结合人才培养模式中，学生能够通过数字化技术进一步深化对理论的理解，将理论运用到实践中，形成较强的职业道德感和良好的工作素养，增强自身的就业竞争力，深化对社会的正确认知与理解。近年来，数字化工学结合英语人才培养模式在高校教育中被广泛应用，为英语人才培养工作注入了新的活力，也为就业市场的发展带来了新的机遇。

二、数字化工学结合英语人才培养模式的优势

长期以来，高校英语人才培养工作以理论教学为基础和重点，对实践教学的重视程度相对较低。这导致不少学生虽然掌握了大量的英语知识，但是却很难将英语知识运用到生活和工作实践中，在很大程度上影响了高校英语人才培养的实效。

数字化工学结合英语人才培养模式具有以下优势。

首先，该模式能够使高校英语教育与特定行业、企业、岗位进行有效对接。

其次，该模式能够为高校英语的实践教学活动提供多层面的支持。不少高校的英语实践教学水平难以得到切实提升的原因在于高校英语实践教学存在英语实践人才短缺、实践教学内容不合理、实践条件不完善等问题。数字化工学结合英语人才培养模式能够为高校提供数字化教育技术与企业方面的支持，推

动高校英语实践教学的发展。

最后，该模式能够促进学生的全面发展。如今，高校英语教学内容不再局限于英语本身，而是与学生的生活紧密相连，并与学生综合素养的发展有着密切关联。而数字化工学结合英语人才培养模式能够为高校学生提供更具实践性的学习体验，促使学生在实践中理解英语知识并收获实践经验。①

三、优化数字化工学结合英语人才培养模式的途径

（一）明确工学结合英语人才培养模式的目标

教师不仅要设置好英语课程，还要了解企业对人才的需求，充分利用数字化技术，注重培养学生的综合能力，提高学生的职业技能水平，增强学生的数字化技术运用能力。教师在讲授英语基础知识的同时，还要增强学生在实际工作中运用英语的能力。教师要借助数字化技术丰富教学内容呈现形式，带领学生了解英语文化，培养学生的英语思维，提升学生的职业能力水平。

（二）构建数字化英语实践教学体系，引入"EGP+ESP"教学

教师要想提高学生的专业水准，不仅要做好课堂教学工作，还需要做好实践教学工作，让学生在实践过程中累积相关的经验。所以在实践教学中，教师需要根据数字化工学结合人才培养目标来设计以下三种英语实践教学活动。

第一，课堂教学实践。课堂教学实践的重点在于对学生的英语表达能力的培养。在进行基础课程教学时，教师需要着重提高学生的英语表达能力水平。教师可以采取舞台剧或是情景创设的方式，借助数字化技术创造虚拟的职业环境，激发学生参与实践活动的热情。

第二，校内实训。高校可以在校园内建设实训基地。这样，学生就能够在校内实训过程中扮演各类角色，并学会运用已掌握的英语知识，深化对英语专业知识的理解。在实训完毕后，教师要对学生在实训过程中的不足之处进行总结与归纳，监督学生改进。

第三，校外顶岗实习。高校要与企业建立起良好的合作关系，将学生输送到企业中进行顶岗实习，让学生在实习中有效地运用所掌握的英语知识。

高校英语教师应当根据数字化工学结合英语人才培养模式的目标来进行实践教学活动。数字化工学结合英语人才培养模式的目标是让学生在学习过程中

---

① 黄羽. 工学结合人才培养模式下的高校英语教学改革探究［J］. 教育教学论坛，2022（29）：85-88.

增强英语实践能力，让学生在今后的工作中能够自主解决问题。教师要丰富学生的专业知识储备，让学生能够在实践教学活动中有效运用相应的专业知识。

教师要充分了解企业对英语人才的要求，应用数字化技术提高教学的质量水平，不断提升学生的英语运用能力水平，增强学生的英语综合能力，培养学生的专业技能。高校英语教师应当优化课程的结构，将英语课程划分为基础课程与专业课程两大类。学生学习基础课程内容能够增强自己的英语综合运用能力，夯实英语基础，从而能够利用英语进行日常交流；学生学习专业课程内容则能够实现专业英语能力水平的提升。教师在设置英语专业课程时，不仅要借助互联网技术培养学生的英语能力，还要借助多媒体技术深化学生对未来职业的理解，使学生成为高质量的英语人才。

现阶段的英语课程教学通常有两类：一是通用英语教学，即 EGP 教学；二是专门用途英语教学，即 ESP 教学。后者可以说是前者的一种延伸。ESP 教学能够基于 EGP 教学进一步深化专业化内容来培养学生的专业英语应用能力。由此可见，ESP 教学的目标与数字化工学结合英语人才培养模式的目标不谋而合。因此，各高校英语教师要引入 ESP 教学，并制订 ESP 教学计划。

教师需要根据学生未来工作岗位的信息来收集相关的专业英语知识。教师可以利用互联网搜集专业英语知识，之后按照不同阶段的英语人才培养目标将专业英语知识融入 ESP 教学内容中。这样一来，高校学生既能够掌握英语基础知识，又能够提升专业英语的应用能力水平。

（三）建立数字化工学结合英语人才培养模式的保障体系

1. 完善英语专业实训基地的建设

实训基地的建设是培养高素质英语人才的重要条件。实训基地可以为英语专业的学生提供实践平台，能够让学生进行专业的、系统的学习。因此，高校应充分利用社会资源，建立满足数字化工学结合英语人才培养模式要求的校外实训实习基地。为此，高校应注意对英语专业实训基地进行科学的规划，应用数字化技术，使实训基地具有前瞻性和区域示范作用。高校可以与外贸企业合作，在校内建设外语外贸综合实训中心，建成集语言训练、商务实践于一体的多功能外语外贸实训体系，并在实训中心内设置外语外贸对外服务中心。高校需要与技术力量雄厚的企业建立密切联系，共同建设校外实习基地。为了使学生在校外实训中取得进步，高校应制定并切实履行实训管理条例，以保证学生实训活动的规范化。①

2. 落实工学结合英语人才培养的评价考核工作

高校实施评价考核是衡量数字化工学结合英语人才培养效果的有效方法。高校应当采取数字化评价考核方法，以得出准确的考核结果。教师对数字化工学结合英语人才培养效果进行评价考核时，要考核学生掌握理论知识与专业技能的情况。在实习开始前，教师需要对学生的英语能力与工作能力进行统一测试，并做好相应记录；当实习结束后，教师要对学生的英语能力与工作能力再次进行测试，将所得的结果进行比较，再综合评估学生的能力水平。教师要根据学生的能力变化情况，总结学生的优势与错误，以便为学生提供有用的指导。教师需要高度重视学生在实训中出现的问题，并对问题的原因进行分析，引导学生改正错误。

3. 提升英语教师的能力水平

首先，培养师资力量的首要内容是提升英语教师的教学水平和数字化技术运用水平。高校应当定期测评英语教师的数字化教学能力和专业知识水平，并结合测评的结果开展相应的培训活动。高校需要加大对英语教师培训的资金投入力度，以此来保障教师培训工作的顺利开展。

其次，高校应当加强英语教师和企业的联系，让教师能够了解学生日后的工作环境，明确学生未来的工作内容。教师在了解了这些信息后就可以开展有针对性的英语技能教学活动。与此同时，高校还需要增设英语教师培训课程，让教师也能够进入企业中进行实践，了解企业对英语人才的需求，这样能够使教师在后续的教育过程中帮助学生提升英语运用水平和工作能力水平。

最后，高校要建立数字化教师绩效考核机制。高校要实行公平合理的绩效考核机制，借助数字化技术获得准确的考核结果，对考核结果优秀的教师予以奖励。在数字化教师绩效考核机制下，教师能够增强自己的责任感，培养出更多优秀的英语人才。

（四）着重培养学生的岗位能力

高校要加强英语课程与专业课程、岗位之间的联系，对岗位工作内容及其涉及的英语相关内容进行科学的整合，凭借数字化的教学活动提高学生的英语能力水平与岗位能力水平，促使学生形成良好的数字化技术应用能力。一方面，教师可以通过英语竞赛、英语影片欣赏、英语协会运营等方式，培养学生

---

① 何进水. 工学结合视域下商务英语人才培养模式创新研究 [J]. 对外经贸，2022（1）：131-133.

的英语应用能力；另一方面，教师可以借助数字化技术在教学过程中模拟市场、企业中的情景，让学生能够在模拟的环境中增强岗位能力。

第三节 产教融合模式

一、产教融合模式概述

产教融合是学校与企业深度合作的一种形态，是一种主体多元、诉求多向、关系复杂的合作，现已发展成为能显著提高教育质量的重要机制。在产教融合模式中，企业和高校都是主体，互为因果、彼此交融，并组成了休戚相关的利益共同体。企业和高校合作的过程实际是一个双向发力、双向整合，能实现共建、共享、共赢目标的过程。而早期的校企合作主要是高校为了实现自身人才培养目标而与企业展开的合作，在这种合作模式中，学校是主体，企业往往是配角。相比较而言，由于合作企业内驱力不足等因素的影响，校企协同、实践育人的模式很难形成。

从教育政策到产业政策，从制度安排到国家战略，产教融合的发展彰显出了它的时代使命与现实意义，它更关注协同体系的构建与合作机制的建设，特别强调把企业当作重要主体，把发挥企业的作用当作关键环节。[①]

二、数字化产教融合模式的构建必要性

（一）企业具有数字化转型的需求

数字化被应用于企业，将会重新定义企业上下游关系，使企业产生价值的空间由工业时代价值链上的基本活动延伸到数字化时代价值链上的所有环节。从这里可以看出，企业的数字化转型是现代企业生存的基础。

企业向数字化转型必须以新的意识、新的世界观和新的方式进行重构。首先，提升企业信息传递的效率是企业数字化转型的当务之急，在数字化时代，信息对称率非常高，这也使数字化成为企业彼此间沟通的核心要素。其次，数字化时代，企业开始以顾客为中心，会利用与顾客需求有关的定量分析数据来

---

① 秦凤梅.职业教育产教融合质量评价探索［M］.重庆：重庆大学出版社，2021：2.

构建企业产品与客户之间的链接。最后，在数字化时代，协同共赢才能产生更大的价值。因此，企业彼此之间共享数据、协同互动才是其发展之道。企业的数字化转型面临着诸多困难与挑战，数字化人才是企业转型的重要因素。

（二）市场需求引领人才培养方向

面对大量的人才缺口，为了使中国在全球产业链条中处于优势地位，各大高校应该培养优质的英语人才。而要实现这一目标，创新英语人才培养模式是必然的，高校应该注重培养大学生的"数字化""智能化"能力与素质。

与传统英语人才培养模式不同的是，现代化英语人才培养模式强调的是英语专业与其他专业的有效结合。在这一模式的指导下，高校应该致力于培养知识面宽、能力强的复合型人才。

三、数字化产教融合模式的整体构建策略

（一）参考产业标准，建立人才培养目标

在产教融合模式下，高校在开展英语教学工作时，应当转变传统英语教学模式，将产业数字化发展与人才培养目标充分融合。在英语教学工作开展过程中，教师可以将培养具备数字化技能、行业知识以及良好英语沟通能力的高素质人才作为教学目标，将校企合作作为重要方式，科学设计英语理论与实践课程。为促进产业与英语教学之间的深入融合，高校应当制订完善的人才培养方案，将产教融合理念与模式落实于人才培养的全过程中，以企业对英语人才的需求为依据，积极革新英语人才培养方案，制定科学的英语人才培养目标。这不仅符合学生英语学习的实际情况，同时也能满足企业对英语人才的需求。当前，企业对英语人才的需求与要求都发生了明显的改变，英语人才不仅需要具备扎实的英语知识，还需要具备英语沟通能力。这就要求高校英语教师在英语课堂教学工作中做好基础英语与行业英语之间的衔接工作。在基础英语教学过程中，教师应该在向学生灌输英语基础理论知识的同时，逐步提升其听说读写译的能力。在学生基本掌握英语基础理论知识之后，教师便可转向行业英语教学，加强学生的行业英语听说训练，从而有效提高学生的英语沟通与表达能力，使学生成长为能够满足企业需求的英语人才。

（二）研究产业需求，选定英语教学内容

在经济全球化背景下，企业对英语技能型人才的需求量逐渐增加。结合当前企业与英语人才的需求现状，高校应积极调整英语教学内容，转变传统的重视学生读写能力培养的思维，提升学生的听说能力。大部分学生其实都具备一定的英语读写能力，但听说能力相对较差，不会说、不敢说的情况较多。

为了契合企业对英语人才的需求，教师要结合学生的专业知识开展专业英语教学。在传统英语教学中，教师比较重视向学生讲解理论知识。现在，教师应该转变这一想法，多给学生提供一些实践机会，例如，可以组织学生到企业体验真实的工作场景，使其提前了解企业对英语人才的要求，进而在以后的学习中不断调整重点。

教材依然是教师开展英语教学活动与学生学习英语知识的主要工具。因此，依托教材传递企业对英语人才的"想法"也是至关重要的。教材编写者应充分了解企业对英语人才诉求，将这一诉求融入教材中，从而使教师能够将这一诉求在英语课堂上传递给学生。

（三）应用产业基地，提高学生的英语应用能力

为提升学生的实践能力，高校通常会建立实训基地。实训基地可分为两类，分别为校内实训基地与校外实训基地，其中，校外实训基地主要为学生提供实习机会，而校内实训基地主要是辅助教师开展教学工作。在数字化产教融合模式下，高校英语教师应该充分利用校内实践基地开展英语实践教学，采用行业英语口语知识融合专业知识的方式，为学生构建全英文情境。同时，教师还可以利用校内实践基地为学生创设与教学内容相关的职业场景，让学生在职业角色扮演中完成口语训练，提升自己的口语表达能力。在英语实践教学中，教师也应该尊重学生的主体地位，让学生自行完成职业场景模拟对话。久而久之，学生的英语应用能力必然会有所提升。

（四）结合产业培训，壮大英语教师队伍

高校英语教师的综合能力也是影响英语教学质量的重要因素。因此，教师应当秉持终身学习理念，加强学习，不断丰富自己的知识体系，提升自己的实践能力，并最终将自己的所学应用于英语课堂教学中。

教师不仅可通过进修的方式学习行业知识、信息技术知识，还可利用假期进入学生所在的实习单位，参与实习指导。在这一过程中，教师可以了解企业对人才的需求，掌握当前企业对人才的需求情况以及相关岗位的具体工作流程，从实际出发，选择恰当的教学内容，不断提升教学水平。

在实习指导过程中，企业应为教师提供职业培训。学校应与企业建立合作关系，从企业引进经验丰富的培训人员，让其担任兼职教师，这些兼职教师可以与专职教师共同制订教学方案。

四、以区块链技术助力高校英语人才培养

区块链技术的使用能够促进产教融合的深化，有利于破解人才供需结构性失衡和质量不高的难题。应用区块链的分布式储存、加密技术、智能合约、共识机制等核心技术，能创新产教融合模式，构建多维度的英语人才培养模式，进而使高校人才培养形成自驱动、自适应、自演进、自追溯的机制和开放化、柔性化、精准化、智慧化的发展格局。

（一）区块链技术概述

区块链技术的本质是数字化信任，旨在解决对数据的信任管理问题。区块链具有两大功能：一是机器信任，通过分布式数据存储，可改变第三方存储，实现机器自我数据管理；二是智能合约，采取点对点加密和共识机制，改变传统协议，达到"不造假、不篡改、可追溯"的可信性，实现零信任成本。区块链引领信息互联网走向价值互联网，将"人、物、事、时、空"五大要素连接为一体，通过机器信任和智能合约构建价值传递的大型合作网络。

（二）以区块链技术助力高校英语人才培养的框架构建

教育者可基于区块链技术构建横向"多主体、双轨道"，纵向"五协同、四递进"的英语人才培养模式框架。横向，教育者可构建开放、去中心化和互信共享的人才培养生态网络；纵向，教育者可构建自驱动、自适应、自演进、自追溯的校企人才供需对接运行平台。该框架能够发挥多维度英语人才培养的交互作用，建立与完善数字运行机制，优化人才培养实施路径，实现英语人才培养与社会经济的同步规划、与产业建设的同步实施、与技术进步的同步升级。

第四节　校企合作模式

一、校企合作模式概述

校企合作模式，是学校与企业建立的一种协同育人模式，注重在校学习与企业实践的结合，推动学校与企业实现资源、信息共享的"双赢"。校企合作模式具有应社会所需、与市场接轨、与企业合作、实践与理论相结合的全新理

念，为教育行业的发展奠定了坚实的基础。校企合作模式包括以下内容。

（一）构建校企"双元"育人体系

首先，高校要把企业管理、企业文化融入院校日常教育教学管理工作，修订、完善适应校企合作的教学管理制度，实现校企文化的有机结合，塑造良好的职业教育氛围，培养学生的职业道德和职业价值观。

其次，在校企合作中，高校应按照岗位标准的要求，做到职业岗位需要什么，院校就教什么、学生就学什么，敢于打破原有的课程体系。校企共同构建由职业岗位基础课程、职业岗位技能课程、职业拓展和顶岗实习课程等组成的课程体系。

最后，高校要创新一体化合作办学的评价机制，制定以育人为目标的考核评价标准，建立学生自我评价、教师评价、企业评价和社会评价相结合的考核评价机制。

（二）坚持知行合一

通过总结前期学校校企合作的经验，校企应当共同加强教学资源建设，开展精品课程和教材建设，倡导新型活页式、工作手册式教材并配套信息化资源。

（三）打造高水平实训基地

在主管部门的大力支持下，各级政府、企业和职业院校应当建设一批集实践教学、社会培训、企业真实生产和社会技术服务为一体的高水平职业教育实训基地。①

（四）多措并举打造"双师型"教师队伍

高校一方面应加强教师团队的专业和职业素养建设，另一方面可组织、选派骨干教师到企业研修，推动校企人员双向流动。

总体来说，通过校企合作育人，企业能够看到实实在在的好处，进而实现校企资源的共享，促使职业教育改革与产业结构升级保持统一步调。高校应进一步明确企业各个岗位对人才的需求，适时调整人才培养模式，让企业成为人才培养的第二基地，将学生输送到企业中进行顶岗实习，增加学生的实习次数和实习时间；在校内教学中鼓励教师运用多样化的教学方法，使其将理论教学

---

① 于万成. 校企合作创新之路［M］. 北京：机械工业出版社，2020.

和实践教学紧密结合在一起，给予学生更加丰富的学习体验，促进学生理论和实践的融合渗透，实现培养创新应用型人才的目标。

二、校企合作模式下英语人才培养存在的问题

（一）校企合作模式相对单一

随着企业向海外市场的扩张以及本地化进程的加快，企业管理层开始重视英语培训工作，因而出现了大型企业将语言能力培训路径从培训机构转向高等院校的新趋势。高校与企业合作进行复合型外语人才的培养，不仅可以利用高校的专业资源为企业英语培训的质量把关，而且能够使高校英语教师了解企业在生产中需要使用的具体语言能力，让教学目标从学术英语转向应用英语，更加贴近企业所需的复合型外语人才培训需求。企业对外语培训的重视，将会进一步深化校企合作的模式，推动国际复合型外语人才的创新培养与培训模式，并且协助高校进一步加快从学术英语到应用英语的教学方向转变。

（二）教师综合能力有待加强

我国高校的英语教师普遍具有较高的专业英语水平，但像计算机应用、英语实践等综合能力则相对较弱。教师作为教学活动的主导，对学生开展英语学习和技能训练起到关键的指导作用。而在高校英语教学过程中，教学效果不仅仅取决于英语教师的专业能力，其综合能力也发挥着至关重要的作用。教师如果综合能力较为薄弱，不擅长利用数字化手段进行英语教学，则很难对学生产生吸引力；同样，不具备英语实践经验的教师，也很难培养出能够与企业需求相对接的应用型英语人才。

从高校的英语教学现状和发展趋势来看，英语教师的综合能力必须有所提高，否则教师将无法适应数字化的教学模式，也难以良好地配合校企合作项目的开展。

三、校企合作模式下英语人才培养的数字化改革策略

（一）校企共建英语数字课程体系

课程设置并不是静态的。随着时间的推移以及地区、行业和企业的不同，市场对人才的需求也在不断发生变化。因此，高校可以通过数字技术和与企业的合作，收集、整合、处理市场信息，针对市场需求开设相应的英语数字课

程。此类课程应该具有鲜明的时效性和指向性。

校企合作模式下的英语数字课程围绕企业业务展开，企业可以通过网络参与课程设置，使学生能够深入了解工作岗位对能力和素质的要求。高校也应根据当地企业的需求对英语数字课程体系进行改革，有针对性地开展具有本地企业特色的英语教学。

通过网络数据和企业信息，高校应当将日常英语教学的内容和企业需求有机结合起来，有意识地构建数字化课程资源，有效解决英语专业跨学科教学的问题。高校教师可以通过跟岗、观察、实验、讨论等方法，引导学生通过不同类型的英语课程吸收英语知识，实现课程资源的校企共享，培养符合市场需要的应用型英语人才。①

（二）校企联合打造英语数字课堂

随着现代教育技术的发展，除了传统课堂所用的教材之外，各类电子书、学习软件等数字化资料不断涌现，为构建英语数字课堂提供了便利条件。英语数字课堂通常包括多媒体课堂（实体课堂）和网络课堂。

对于英语教师来说，多媒体在线资源非常实用。在数字化资源支持下的英语课堂教学，是高校英语专业教学改革和发展的必然趋势，也是智慧时代英语专业改革发展的必经之路。教师可根据实际情况选择合适的多媒体资源，利用视频编辑软件制作课件，丰富课堂教学方式，指导学生在线上完成英语知识的巩固和英语技能的练习，并及时进行反馈和评价。此外，教师还可以通过线上校企合作平台，使学生对相关企业岗位有所了解和接触，帮助学生确立学习目标，进而有针对性地培养学生的英语应用能力。

教师与企业管理者需要鼓励学生将实体课堂学习和网络课堂学习相结合，搭建起供高校学生交流学习和企业员工英语培训的平台。一旦实现高校与企业英语教学资源的互通，学生就可以充分利用课余时间学习英语，并通过与企业职工的交流，体验真实情境下的英语应用环境，增强英语实践能力。此外，企业职工也可以更好地利用碎片化时间进行英语学习，使企业职工的语言学习模式更加符合语言习得的规律。当然，学校和企业需要对学生和职工在网络课堂中的英语学习状况进行监督和管理，对其所获得的学分进行认证和综合评价。

（三）企业线上参与高校英语教学

在基于大数据和云技术构建的平台上，高校教师可以通过网络直接进入教

---

① 刘义. 基于校企合作的翻译专业数字化资源建设［J］. 英语广场，2022（28）：56-59.

学平台主页面，在有效互动的环境下进行英语教学。在人工智能时代，教师可以利用大数据平台进行混合式教学，结合英语案例，探究英语学习的过程。另外，教师还可以利用云技术平台对学生的英语练习效果进行实时评价，并利用大数据分析学生的学习情况，并在此基础上对教学模式进行优化和调整，探索有利于提升教学效果和学生能力的英语教学模式。

（四）全面提升教师团队综合素养

当前高校的教师团队大多对企业的实际生产活动缺少正确的认知，难以对英语应用教学的模式形成深刻的理解和把握，因此，教师要加强自身的英语应用技能，以身作则地引导学生提升英语实践能力。教师可以通过主动参与企业培训，了解当前企业对人才的多方面需求；与企业员工积极交流，了解自身在英语实际应用方面的不足并及时进行改善，以保证自己的英语教学质量。

一方面，高校英语教师应树立开放性的思想，利用网络思维实施教育变革，既要关注学生的英语学习状况和需求，也要对学生的信息技术运用情况有所了解。如前所述，高校和企业可以合作构建具有一定实践应用价值的数字化教育平台，架构开放性的移动学习平台，以此调动广大师生的学习兴趣和学习热情。① 另一方面，高校应当多渠道引进"双师型"英语教师：一是引进高学历人才；二是引进以英语专业背景为主的双学位人才，双学位的人才知识面比较广，既具有扎实的英语能力，又具备其他学科的专业知识，有助于开展综合性的教学工作；三是引进具有企业工作经验的高层次人才，其兼具专业知识和实践能力，不仅能够在课堂教学上教授学生英语知识，还可以传授学生相关行业的专业知识和工作技能；四是在引进高层次人才的过程中，可以从相关企业聘请可以承担教学任务的人才，颁发讲座教授聘书，作为临时聘任人员将其引入"双师型"教师队伍，此类外聘教师可以将相关行业的动态信息及时传递给学生，让学生在课堂上了解行业发展态势。

---

① 荏庆梅. 大学英语教师信息化教学能力现状及提升策略研究［J］. 辽宁经济职业技术学院学报，2019（3）：134-136.

第八章　高校特色英语人才培养策略

新一轮科技革命蓬勃兴起，以数字技术为代表的新一代信息技术变革了经济社会发展方式，为我国的特色英语人才培养带来了新的机遇与挑战。高校英语教学进入了学科融合交叉发展、数字研究教学的新时代，为更好地适应数字化时代新要求，高校应推动英语教学改革，探索出一条可行的改革路径。本章主要对高校特色英语人才培养展开研究。

第一节　旅游英语人才培养策略

一、数字化背景下旅游英语人才特征分析

（一）先进的管理理念

数字技术在为文旅产业的发展提供重要支持的同时，也给其带来了巨大的挑战。在数字化背景下，文旅产业主管部门要一马当先，科学利用现代化的管理手段，如大数据统计技术、人脸识别技术、视频智能分析技术，为消费者营造更加安全可靠的旅游大环境，推动文旅产业的高质量发展。基于以上情况，旅游英语专业人才需要具备更加先进的管理理念，既可以使用流利的英语与游客交流，也可以在提供服务的过程中充分运用数字资源开展精准服务。

（二）扎实的信息素养

数字文旅是在大数据技术和5G网络支持下产生的一种文旅新业态，不同于人们常说的旅游电子商务，它是以数字化技术为基础组织文旅活动，这也对旅游英语专业人才在信息处理方面的素养提出了更高的要求。为了更好地适应

数字文旅的发展，旅游英语专业人才应具备以下信息素养：一是能够熟练使用互联网及云计算技术，同时还要掌握一定的移动通信技术，以实时有效地掌握旅游消费者的基本信息及其重点关注的旅游讯息，为游客提供更多精准的英语服务；二是能够对不同信息进行分析、分类和甄别，从而有效地研判消费者在旅游过程中可能遇到的困难，以便及时采取相应的措施，做到防患于未然。同时，在消费者旅游结束后，旅游英语人才要根据其反馈的信息，对相关的数据进行分析，从而不断整合旅游信息资源，开发适合的旅游专线。

（三）较强的创新能力

众所周知，21 世纪是一个万众创新的时代。创新是每个行业快速发展的动力源泉，文旅产业也不例外。旅游英语专业人才需要主动迎合时代发展趋势，更新服务理念，创新营销模式，根据游客的实际情况为其提供个性化的英语服务，让游客获得全方位、高品质的旅游体验。与此同时，旅游英语专业人才还要更新营销理念，及时将社会热点新闻、热点新词和游客关注的信息点相融通，通过数字化平台向游客传递相关讯息，满足游客的个性化需求，提高其满意度。

（四）过硬的实践操作能力

数字文旅以各种信息技术为载体，这就要求相关人员能够熟练地应用信息技术。为了确保数字文旅产业高质量发展，旅游英语专业人才需要具备过硬的实践操作能力，如掌握一定的拍摄技巧、软文书写技巧、视频剪辑技巧、英语翻译技巧，通过不同形式的宣传方式让游客更加直观地感受当地的特色与文化。

二、数字化背景下旅游英语人才培养策略

（一）创新教学模式，教学相长

教师应将传统的教学模式与互联网信息技术相结合，利用旅游英语课程的特点，改变传统的填鸭式教学模式。为此，可以采用线上、线下相结合的混合式教学模式，教师在教学中应该以学习成果为导向，坚持"以学为中心"的教学理念，设计课前—课中—课后不同环节的多种教学活动。通过多样的活动充分发挥学生的主观能动性，让学生成为教学的主体，获得多样化的学习体验。

（二）及时更新内容，培养具有互联网思维的旅游英语专业人才

互联网中有海量资源，教师应充分利用这些资源，在数字化教学工具的辅助下，将行业发展的前沿动态和理论及时添加到教学内容中，实时更新教学内容。例如，讲授"饭店情景英语"课程时，教师可以为学生补充新型的快闪酒店、菲住布渴酒店等内容，让学生了解数字化背景下的旅游行业发展的最新动态。①

高校在培养旅游英语人才时应制定明确的专业发展目标，了解社会及企业对旅游英语人才的需求，调整课程内容，帮助学生提升实践能力。学校要依据旅游英语人才培养方案，按照旅游行业的发展不断调整教学内容，做到社会需要与学校培养方向相吻合。

今后，旅游行业会朝着多元化、个性化及智能化的方向发展。高校在培养旅游英语专业人才时应注重将学生的理论知识与实践技能相结合，这就要求学校应尽可能地为学生提供更多实习、实训机会。例如，学校可以与本地的一些旅行社及旅游景点合作，安排学生去景区实地为游客服务，让学生将在校期间学到的专业知识运用到实际的旅游服务工作中去。同时，学校也可以聘请旅游行业的专家到校举办旅游文化讲座，让其分享工作中的趣事，介绍旅游工作中的经验。高校还可以通过校企合作模式使学生的专业知识与实践技能相结合，培养出更多的旅游英语专业人才。

（三）利用数字化教学工具，精心设计教学内容

教师应充分利用数字化教学工具，如英语流利说、百词斩、英语趣配音这些教学 App，让学生观看英语小视频或者跟读、配音，并进行日常打卡，以此提升学生学习英语的兴趣。教师还可以借助雨课堂、学堂在线、云班课等数字化教学平台和工具，构建课程教学设计闭环，实现课前—课中—课后全覆盖。

课前，教师在线上提前发布预习任务，让学生提前了解一些陈述性知识。教师还可以录制原创视频进行上传，线上发布学习任务，要求学生自主预习。将陈述性知识的学习前置，使学生在课前就已经掌握生词、短语、句型，这样可以有效降低课堂学习的难度。教师也可以设计小组项目任务，让学生在课前通过项目任务自主预习教学内容，找到疑惑所在，做到心中有数。

课中，教师检查学生课前在线学习情况，获得学生的学习反馈。除了传统

---

① 夏华敏，贺乙腊菀. 智慧教学背景下旅游专业英语类课程教学策略刍议［J］. 开封教育学院学报，2019，39（8）：79-80.

讲授方法以外，教师应充分利用数字化教学工具，开展丰富多彩的课堂活动。例如，教师可以在云班课开展小组讨论、投票、问卷调查、头脑风暴等活动，还可以在雨课堂开展弹幕互动、测试等。这一系列探究活动可以使课堂气氛更热烈，学生的参与度更高，真正实现以学生听、说、练为主的教学，提升学生的英语应用能力，激发学生的学习兴趣，提升教学质量，改善教学效果。

课后，教师布置小组任务。教师可以让学生通过词汇打卡、句型天天练、角色扮演会话练习等活动进行自主学习，还可以让学生通过即时上传语音等进行口语练习。学生可以录制角色扮演活动的视频上传至云班课的作业板块，同时观看其他同学的视频，纠正其他同学的语音、语调，提高口语和听力的水平。

（四）构建多元学习评价体系

在评价旅游英语专业学生的英语学习时，既要评价学生的学习结果，又要评价学生的学习过程。这就要求建立多元评价体系，通过多元评价体系不断激发学生学习旅游英语课程的兴趣，促进学生英语应用能力的全面化发展。

一是评价目标多元化。在评价过程中要适当提高口语考核比例，调整笔试考核比例。学校可以对学生的听说学习进行定期检测，让评价英语应用能力的标准多元化，对听、说、读、写、译英语应用能力进行全面评价，构建形成性与终结性相结合的评价体系。

二是评价主体多元化。评价形式要从单独由教师评价学生转变为鼓励学生参与其中。教师可以从专业的角度评价学生的学习效果，让学生对自己的学习效果有一个正确的认知。学生互相评价可以侧面反映出学生课后的学习效果、学习态度等，让学生认识自我、精益求精。通过这样一个多元评价体系，旅游英语专业学生英语应用能力的最终评价将更加合理和全面。

（五）增加实践课程，采取多样教学方法

在数字化背景下，旅游英语专业学生的信息化能力也需要不断提高。高校要重视数字化环境的建设，为旅游英语专业学生建立旅游英语模拟实训室，让学生在实训室进行旅游线路规划，设计旅游带团方案、旅游产品等。此外，学校还应在课程设置中增加数字化旅游发展所需要的各种信息化课程，如办公自动化、旅游信息系统操作、旅游电子商务。

在教学中，教师可以采用多种教学方法，如运用情景教学法设计不同的情景，让学生进行角色扮演。情景教学具有真实感，教师可以根据课程进度和其他因素设置不同的情景模式；可以组织"用英语讲故事"活动；还可以让学生选择某一个景点或某种特色文化，用英语向外国游客进行介绍。教师要充分运用多媒体技术进行教学，如在课堂上播放一些图片、视频，让学生用英语叙述其中的内容。通过这些活动，不仅可以让学生多角度地熟悉和了解地方文化和旅游资源，还锻炼了学生的英语口语表达能力和用英语写作的能力。

（六）提高师资水平，为培养旅游英语人才服务

旅游英语专业人才的培养对促进旅游业的发展有重要作用，旅游英语专业教师的水平与能力是推动旅游英语复合型人才培养的关键因素。

旅游英语课程的专业性较强，因此，该课程对教师的专业能力有较高的要求。教师需要掌握丰富的旅游英语专业知识和广博的中外文化知识，学校要尽可能地给教师提供外出学习和培训的机会，并定期聘请旅游行业的从业人员及专家学者到校内为教师进行培训和指导，通过这些活动不断提高教师的教学水平和职业素养。教师本身也应转变思想观念，树立终身学习的理念，努力学习和钻研地方文化及中国传统文化，提高用英语展示地方特色文化及中国传统文化的能力。

旅游英语专业教师应着力提升教书育人的能力，一方面，教师应积极参加各种培训以获得相关职业资格证书，提升自己的专业教学能力和实践能力；另一方面，要努力研究职业教育和外语教育教学的规律，积极参加教学技能大赛和访学、进修等，在教学中运用信息技术，创新教学方法和手段，努力朝"双师型"教师发展。

为了提高旅游英语专业教师的师资水平，高校可以在节假日让教师参与本地旅游企业的一些活动，使教师深入了解目前旅游行业的发展状况、服务水平。同时，学校也可以定期组织教师走出去，让本校教师与其他高校同专业的教师沟通交流，以此了解行业动态、提升业务水平。

第二节　商务英语人才培养策略

一、数字化背景下高校商务英语人才职业技能的新要求

商务英语教学的最终目标就是为社会培养高素质人才，为经济发展服务。因此，在数字化背景下，商务英语专业人才必须具备较强的英语综合应用能力、丰富的商务专业知识、一定的文化素养、计算机技能及实践能力。也就是

说，高校商务英语专业的学生不但要能够熟练使用英语与客户进行口语或书面交流，掌握相关外贸专业知识，而且需要掌握数字贸易的相关基本技能。

二、数字化背景下商务英语专业人才培养策略

（一）树立新的人才培养方向定位

通过企业调研可以发现，就商务英语专业的人才需求来说，具有国际商务沟通能力的人才较为稀缺，应该给予优先分配。在国际商务沟通能力的培养中，商务英语听说能力相较读写能力显然更具有优势，是核心技能。商务英语专业应充分挖掘其独立于其他专业的语言价值和功能，培养语言的商务沟通能力。商务英语专业应抓住跨境新媒体营销这一新领域，从英语短视频、英语直播、网络营销等入手，开发具有本专业语言优势和特色的商务实践方式。随着数字经济时代的到来，跨境电商向新媒体营销模式转变，这就对商务英语专业的人才培养提出了新的要求，如商务英语专业应培养可以进行新媒体营销账号的推广、海外社媒传播、跨境电商多平台推广与运营的人才。[①]

（二）优化商务英语专业课程体系

在数字经济背景下，高校商务英语专业应及时增加数字贸易类课程，设立不同等级、不同方向的多层次、复合型课程体系供学生选择。例如，高校商务英语专业可以在传统的外贸专业课程之外增加网站运营、数据分析、多平台操作课程，学生可以根据自己的能力，在学习专业知识之余，选择其中的一种或几种课程进行学习。同时，运营管理、数据分析等课程也可以分为初级、中级、高级等不同等级供学生选择学习。多层次复合型课程体系的建立将提升学生的专业技能，拓宽学生的就业面，为学生的就业打下良好的基础。

在数字化的新媒体营销背景下，高校商务英语专业应不断对其课程设置进行数字化改造和升级，以满足日益发展的电商行业对商务英语人才的需求。因此，针对跨境电商行业产生的新业态新岗位，商务英语专业应在原有的语言、外贸和跨境模块基础上，加入全新的模块，即跨境新媒体运营。

另外，新增课程需要与行业资格考试相结合，以社会需求及认可为导向，突出学以致用的特点，与市场接轨。

---

① 陶梦. 数字经济时代厦门商务英语专业人才培养探究［J］. 新教育时代电子杂志（教师版），2022（32）：114-116.

（三）建设"双师型"教师队伍

高校可以选派一些有能力、有兴趣的教师到跨境电商企业及新媒体企业进行阶段性的学习和观摩，使其在企业中积累"实战"经验，促进理论联系实际，把书本上的知识与实际操作有机结合，从而提高教师对商务英语的认知，提升教师教学水平。同时，高校也应鼓励教师多参加与商务英语专业相关的培训课程或者到其他高水平院校进行相关专业的学习，从而提高自身的教学水平。

加强师资建设、提高教学质量也是高校商务英语专业发展面临的难点之一。针对师资不足的问题，高校商务英语专业一方面应推出更具吸引力的高层次人才引进政策，吸引更多专业人才的加入；另一方面应加强对现有教师的培训力度，鼓励教师在进行自学的同时去一线基地学习，争取使所有教师每年都有机会到企业一线实践学习，以积累、更新实战经验。此外，高校还可以调整教师管理考核标准，鼓励教师在教学之余自己带领学生进行创业。

（四）多方合力完善校企合作模式

校企合作是近年来高校商务英语专业人才培养的常见模式之一。然而，在传统的外贸环境下，一些外贸企业很难接受大批量的实习生，所以高校商务英语专业多采用通过人力资源公司把学生分散到各个企业进行实习的方式。然而，由于企业间规模、岗位设置、管理模式等方面存在差异，学生的实习方向、实习内容各不相同，专业技能的锻炼与发展容易出现不均衡的问题，大部分学生只能在某一方面得到锻炼，不利于学生综合技能的均衡发展。因此，高校商务英语专业应改变校企合作模式，采用"走进来"与"走出去"相结合的方式。[①]

"走进来"指的是在数字贸易环境下，学校可充分利用场地、水电、数字化基础设施等优势将企业引进来，让企业提供真实的数字贸易项目，由企业派出人员在校内实习基地对学生进行项目指导培训，让学生通过线上贸易平台操练数字贸易的各个环节，全面掌握数字贸易的各项技能，这也能为企业创造一定的利润。同时，学生通过完成企业下达的真实项目任务，全面学习数字贸易的各个环节，能够在很大程度上弥补商务英语专业中数字贸易技能教学内容欠缺的问题，为复合型人才的培养打下坚实的基础。这种方式为商务英语专业人

---

① 王素芳. 数字经济背景下高职院校商务英语专业人才培养模式研究［J］. 宿州教育学院学报，2022，25（2）：67-68.

才培养模式的改革提供了正确的方向。

"走出去"指的是，除了校内实习，学生还可以根据自己的意愿由学校推荐到不同的合作企业进行校外实习。与校内实习相比，校外实习为学生提供了更为真实的工作场景，能够让学生提前了解职场文化、人际交往等，并进一步熟悉工厂运营，摸清产品制作、包装、运输等流程，为今后更快地适应工作打下良好的基础。

（五）选择适应新情势的新型教材

在课程资源开发方面，高校可以和企业合作开发立足本校学生情况的校本教材、相关技能模拟操练平台以及电子教学资源，形成理论知识与实操技能、课本教学与实战案例紧密结合的应用型教学资源体系。

学校可以在继续选用经典教材的同时，引入能够将语言学习与专业知识、技术场景、价值引领相结合，满足数字经济时代新职业对英文专业文本阅读和英文业务处理能力要求的新型教材。此外，学校应当鼓励教师结合学校特点和本地特色自编教材。

（六）数字化校园助力商务英语专业人才培养

在语言模块的语言知识和语言能力的培养方面，数字化校园的功能正在趋于完善，为学生的语言基本能力，提供了全方位的支持。数字化校园的多功能教室、多媒体语音室、翻译语言实验室等都在助力学生语言基础的培养，不论是声音比对纠错功能，还是翻译批改核对功能，都为学生夯实语言基本功提供了实时反馈。①

商务模块的商务知识与能力正是商务英语专业的特色，也是"外语+"所引领出的新兴专业技能。商务模块的课程众多，内容复杂，而且采用全英文授课，使得学生在商务知识的接受和理解以及进一步深化学习方面存在一定的学习困难。一方面，数字化校园使得学生能够通过实时互动软件，如"雨课堂""学习通"，随时与教师进行交流；教师可以通过学生的答题情况，了解学生对课程内容的掌握情况，形成良性互动，助力课堂教学。另一方面，数字化校园可以为学生提供各种商务实践、社会实践、专业见习、创业活动等方面的信息。

商务英语专业人才培养由于既要注重语言又要兼顾商务，所以在学时和学

---

① 王慧，王方宇，王艺滢. 数字化校园助力商务英语人才培养的路径研究［J］. 数字通信世界，2022（10）：149-151.

分有限的情况下，文化模块的课程基本以"跨文化交际"这门专业课程为主，相关课程总体偏少。近年来，跨文化交际与国际商务两者之间的关系受到越来越多的重视。跨文化知识和能力直接影响商务沟通能力，跨文化知识和能力的不足将不利于跨文化商务沟通能力的培养。

高校可以根据本地经济需求，借助数字化校园，与其他国家开展合作交流，从国际经贸格局出发帮助学生了解更多国家的状况。商务英语专业的人才培养模式应当以全球经贸格局为导向，结合地方经济对人才的需求，借力数字化校园，突出培养学生的沟通能力，将语言应用能力、跨文化交际能力和商务知识技能的培养有机地融为一体。

第三节　法律英语人才培养策略

一、法律英语人才培养现状分析

（一）法律英语人才培养的时代背景

"精通国际法律规则"是当代中国参与竞争、实现发展的突破口和前提条件。我国应从遵守国际规则、运用国际规则逐步走向制定国际规则，既要开展国际合作，又要合理应对"霸权主义"，逐步实现强国目标，这就是法律英语人才培养的时代背景。法律英语人才应当具备扎实的法律英语基础和良好的职业素养。

（二）法律英语人才培养的具体要求

1. 法律英语人才需具备专业的知识结构

法律英语人才应该具备基础的法律知识和法律思维。首先，法律人才如果不能深入掌握和了解国内外的法律，就达不到行业要求的标准。其次，优秀的法律英语人才不仅需要掌握法律知识，还需要了解法律专业术语的英语表达。

2. 法律英语人才的能力要突出

在全球化市场竞争的背景下，法律英语教学已受到广泛关注。法律是一个十分严谨且专业的特殊系统，因此，法律的概念和语言体系都相对独立，不是所有人都可以进行法律语言的翻译工作。所以，法律英语人才需要熟练掌握相关的英语表达，这也是法律英语人才的基本要求。

（三）高校法律英语人才培养现状

1. 高校法律英语课程体系未完善

法律英语是英语专业的分支学科，有着英语教学的普遍性，又存在着应用上的特殊性。

首先，法律英语的课程设置存在安排不合理的情况。法律英语在课程体系中的存在形式以选修课为主。大部分院校会安排学生在高年级学习此课程，这时候的学生具有专业课程知识基础，能够更好地学习法律相关的英语词汇和表达。

其次，在教学内容的选择上，部分院校直接选用国外编写的原版教材。这类教材的内容有着理论性较强的特点，但对于专业知识缺少详细的注解，学生理解起来存在较大的难度。还有部分院校针对教学要求独立编写的教材存在内容浅显、陈旧的问题，这会使学生的法律英语学习的效果不佳。

最后，在课时安排上，大部分高校以一学期为基准，每周设置两到三节课程。法律英语课时太短，这会使学生难以深入了解法律英语知识。

2. 忽视数字化设备的使用

教师在数字化背景下开展法律英语信息化教学活动，利用数字化设备导入课程，能够有效激发学生学习和掌握英语知识的欲望，让学生更加直观地了解法律英语教学的内容和目的，这对学生实现高效率学习具有重要的价值和意义。① 同时，教师要利用网络技术和资源实现课程内容的多样化发展，突出学生的学习主体地位，使法律英语知识的传授活动更具效率和质量。然而，受到传统教育理念和现有教育条件的制约，法律英语还未全面实现教学革新，存在教学思路不完善和教学手段吸引力不足的问题。

3. 缺乏高效的法律英语评价系统

在高校法律英语教学中，教学评估是课程教学的一个重要环节，能够利用全面、客观、准确的评估体系实现课程教学的目标。同时，教师借助科学的教学评估体系能够及时获得反馈，总结经验，从而提升课堂教学质量水平和学生的学习质量水平。完善的英语教学评价系统能够帮助学生及时调整学习策略，改进学习方法。目前，高校法律英语教学活动还存在教学评价系统不完善以及评价形式单一的问题，许多学校主要采用期末测试、终结性评价的方式了解学生学习的实际情况。一些高校没有在法律英语教学评估工作中使用形成性评价、过程性评价方式，这使得法律英语教学评估体系缺乏规范性、公平性，影

---

① 杨晓平."互联网+"时代高校法律英语教学创新研究 [J]. 公关世界, 2021 (18)：41-42.

响学生的全面发展以及教学效果的改善。

二、数字化背景下高校法律英语人才的培养策略

（一）引进全新的法律英语教学理念，凸显学生在课堂中的主体性

数字化时代的到来，推进了素质教育理念在高校法律英语教学中的渗透与实践，也对法律英语教学提出了新的要求。法律英语专业教师应明确自身的角色定位，明确学生的课堂主体地位，认识到培养法律英语人才的重要性。因此，在数字化时代下，法律英语专业教师应积极引进全新的教学理念，更新教学模式与方法，将数字化时代下诸多高效的教学模式引入法律英语教学课堂中，利用全新的教学模式与手段，来激发学生的学习积极性，调动学生的学习兴趣，从而提升法律英语教学的效果。在此过程中，专业教师可利用大数据分析处理技术，在互联网平台中分析学生比较喜爱并认可的教学模式，作为教学模式创新的参考依据。教师需要遵循"以人为本，因材施教"的育人理念，根据法律英语教学内容，对教学模式进行选择与设计。

（二）利用先进信息技术与设备设施，搭建法律英语自主学习平台

传统的法律英语教学存在时间、地点等诸多限制，无法满足数字化时代高校法律英语教学发展的需求。网络自主学习平台则可以有效地打破这一局面，使学生与教师能够随时随地沟通交流。教师利用网络自主学习平台能够随时开展多样化的教学活动，降低教学成本；同时，还能够提升法律英语教师与学生的信息素养与技术水平。因此，教师可以在法律英语教学中利用先进的信息技术与设备设施，积极搭建线上法律英语自主学习平台，利用大数据技术整合互联网中海量的法律英语教学资源，搭建线上法律英语教学资源库，为网络自主学习平台的运行提供资源保障。

（三）构建高效的法律英语评价系统，保证评价结果全面性且合理

高效的法律英语评价系统既能够对学生的学习能力进行考核与评价，也能够对教师的教学成果进行评价。因此，高校应搭建双向互动的法律英语评价系统，利用网络平台开发师生互评、生生互评、学生自评、教师反思等功能，以保证评价结果的全面性与合理性。在此过程中，高校要构建学生评级系统，考核学生的学习态度、学习水平、学习能力、学习效率、行为举止以及综合素质等；同时，还要在法律英语评价系统中开发定期自动考核、审核、评价等系统功能，对学生展开自动化、全面的评价。教师可以定期开展线下主题班会，引

导学生进行生生互评和学生自评，保证评价结果的客观性。教师可以鼓励学生通过线上留言反馈、线下投信等方式，对自己予以全面的评价，以获得全面的、客观的反馈。

（四）结合法律英语特点，构建多模态教学模式

多模态研究始于 20 世纪 90 年代，属于功能语言学和社会符号学的研究范畴。模态指人类通过感官与外部环境进行互动，用于表征和交流。文字、图像、声音、视频、颜色、表情、动作、手势和语调等是传统意义上的模态。随着互联网技术的快速发展，"模态"这个概念的外延范围在不断扩大。各种现代化技术，如 PPT、QQ、微信、微博、实验室、云课堂都可被称为"模态"。从广义上来讲，人们通过感官进行信息交流的一切渠道和媒介均可称之为模态。人们主要通过听觉、视觉、触觉、嗅觉和味觉等感官感知世界，由于产生了视觉模态、听觉模态、触觉模态、嗅觉模态和味觉模态等常见的交际模态。模态有单模态和多模态之分。单模态只涉及一种模态，如人们聆听音乐时用的是听觉模态，欣赏风景时用的是视觉模态。多模态则指人们同时使用视觉、听觉、嗅觉、触觉和味觉等多种感觉模态，通过语言、图像、声音、动作等多种手段和符号资源进行交际的现象。① 事实证明，人们日常的交流与互动一般是多模态的。

以先进教育手段为特征的教学活动本身就具有多模态性。在数字化教学环境下，多模态是教师和学生利用各种感官来获取、认知和传递信息的手段和方式。文字、图片、音频、视频、PPT 和网络等工具均可被视为模态，它们之间的协调配合其实就是多模态的协同作用。教学中经常使用的模态有图片、文字、面部表情和手势等视觉模态以及音频、视频、讲解等听觉模态。多种模态的协同作用有利于学生快速地感知和获取信息，加深对知识点的理解。

法律英语课程是以法学为依托的有专业指向性的英语课程，其内容丰富庞杂，涉及大量专业术语。教师进行法律英语教学有相当大的难度，仅靠口头讲授的方式很难达到理想的教学效果。多模态的理论则与法律英语教学的特点非常契合。因此，高校要想在数字化背景下构建法律英语多模态的教学模式，就要做到以下几点。

第一，教师要设计多模态的产出任务。对于法律英语这门课程，任课教师和修课学生都要设立自己的预期目标。教师在课程开始前需要充分收集学生的

---

① 陆月华. 互联网背景下法律英语多模态教学模式的构建——以上海政法学院为例 [J]. 高教学刊, 2022, 8（7）：65-67.

反馈信息，对学生的英语水平、法律专业知识以及学生个体的强弱项等信息进行深入分析，明确输入的模态形式，设计出以学习为中心的产出任务。在课程进行初期，教师要不断根据学生的反馈信息和实际授课效果来调整和改进教学方法。教师需要根据教材不同章节的内容设计出不同模态的学习任务，同时也需要鼓励学生采用能展现自身优势的多模态表现方式。

第二，教师要实现多模态的输入。在进行课堂教学时，教师要充分实现多模态的输入。课堂教学是由声音、手势、眼神、肢体动作、音乐、图画、动画和 PPT 等多个模态共同完成的。教师可以充分利用在线教育平台，如钉钉课堂、腾讯会议、微信群、QQ 群，尝试微课教学和翻转课堂模式，以实现多模态的信息输入。例如，在讲陪审团制度时，教师可以让学生先去查找影视剧里呈现的陪审团场景，让学生将剪辑出来的视频发到微信群中或在课堂上播放，使学生对陪审团制度有直观的了解。教师还可以要求学生整理和筛选适合角色扮演的案例，为学生提供时间和地点，让学生进行角色扮演。另外，教师要尽力做到因材施教，使每一名学生都能参与到教学活动中，最大限度地发挥出学生的优势。

第三，教师要确保多模态教学模式的完整性和连贯性，这需要教师和学生需要共同努力。

第四节　科技英语人才培养策略

一、科技英语人才培养的重要性

（一）高等教育教学质量的评估离不开科技英语

评价高等教育教学质量的一个重要指标是高校教师在核心期刊上发表的论文数量，尤其是国际顶尖学术期刊，大多要求使用英文来撰写，因此，科技英语的重要性也就不言而喻了。

（二）理工科高等院校的发展需要大量精通科技英语的人才

在当今高等院校的激烈竞争中，人才的争夺已经愈演愈烈，精通科技英语的人才不仅有助于高等院校的国际化发展，而且可以为高等院校培养更多相关人才。因此，科技英语教学日益受到理工科院校的广泛关注与重视。①

（三）全球化背景下，国际化人才的培养离不开科技英语的支持

随着国际化进程的不断加快，各国对国际化人才的需求不断增加，如何培养国际化人才已经成为高等院校急需解决的问题。国际化人才是指具有国际化意识和胸怀，具备国际一流的知识结构，视野和能力能达到国际化水准，在全球化竞争中善于把握机遇和争取主动权的高层次人才。由此可以看出，熟练掌握与本专业有关的国际化知识是国际化人才应具有的必备素质。因此，科技英语教学在国际化进程中的重要作用不容忽视，高等院校需要引起重视。

二、数字化背景下科技英语人才培养策略

（一）以学生为主的数字化教学过程

基于数字化技术的教学过程要求整个教学活动的重心应由"教"转向"学"，而且要突破课堂教学的时间和地点限制。学生是教学的中心，是学习目标的实现者和学习任务的完成者；教师的任务是利用多样的教学方法，引导学生开展自主学习，并随时给予学生指导。可以看出，教师是教学的设计者、引导者、控制者和反馈者。整个教学过程具体包括以下内容。

1. 学前的分析与引导

在课堂教学前，教师应该通过认真分析过往的教学活动以及学生的成绩，筛选出学生能为容易接受的英语知识；与学生加强交流，了解学生学习的兴趣点；了解学生的学习实际，帮助其制定学习策略。例如，在课前，教师可以给学生推送一些与本次教学内容相关的资源，或者在讨论群组中开启某一相关话题的讨论，以激发学生的学习兴趣，引导学生为新课学习做准备。

2. 课堂教学的执行与控制

教师在现实课堂和网络课堂中应用交互式教学模式，可以实现与学生的良好互动。在现实课堂中，教师主要使用的是任务型教学法。例如，在学习课文时，教师可以将班级学生分成若干个学习小组，给每个小组布置不同的研究课题，让学生自由选择在课题中需要承担的任务。上课时，每个小组可选派代表来阐述自己的研究成果，教师则需要对其阐述过程中出现的问题进行有针对性的指导。通过这种方式，教师单一讲解的枯燥教学模式被改变了，学生的口语

---

① 张蕾. 国际化背景下理工科高等院校科技英语教学探讨［J］. 文化创新比较研究，2019，3（32）：75-76.

表达能力有所提高，团队协作精神得到了提高。

教师可以直接在微信公众平台上创建微课，并通过网络上传到平台的微课资源服务器，学生则可以自主选择相关内容进行学习。教师可以利用微信群组功能能创建英语学习小组，让学生在小组中互动交流，共同探讨学习中遇到的问题。教师也可以参与其中，及时回复学生的问题。教师可以通过微信平台给学生布置课后作业，作业应以选择题和判断题为主。

3. 课后任务的互动与监督

在网络学习平台中，教师可以通过学生的反馈信息及时掌握学生的学习状态，监督学生的任务完成情况，同时也能针对普遍存在的问题及时与学生交流，对其进行有效的指导。此外，教师还可以在与学生的互动中了解自己的教学状况，一些有效的教学手段，教师在后续教学中依然可以使用。基于学生的反馈，教师应该充分了解自己在教学中存在的问题，并有针对性地解决它。

4. 多元化的考核手段

教师应该使用更加灵活的评价方法来评价学生的英语学习。评价内容体系应该更加完整，不仅包括学生在日常课堂上的学习表现以及期末考试成绩，还可以包括学生在网络平台上的活跃度等。

（二）开发合适的数字化教材

数字化教材与传统教材不一样，它是一种利用多媒体技术将传统纸质内容进行数字化处理，并最终将内容呈现在各类电子终端上的互动性教材。

1. 数字化教材特征

（1）容量大，涵盖面广。数字资源不受篇幅纸张的限制，这不仅节约了资源，而且还能最大程度帮助教师收集相关语料，丰富语料内容体系，同时也能促进英语教学质量的提高。

（2）可编辑性强。数字资源是变化的，因此，教材编写者应该灵活地对其进行更新、编辑。正是因为数字资源的可变性与丰富性，它才具有了较强的可编辑性，给了教材编写者更大的编写空间。

（3）受众面广。数字化教材的数字资源具有开放性特征，能让学生随时随地进行学习，具有便携性特征，能使学习成为一种常态，不再被局限于课堂中，也能满足不同受众的需求。

（4）场景直观。数字化教材能直观再现职业实操场景，这有助于提高学生的学习兴趣和效率，提高实践实训的真实度。[①]

---

① 刘中阳. 数字化背景下科技英语口译教材开发策略［J］. 高教学刊，2022，8（30）：117-120.

2. 开发数字化教材的具体步骤

根据数字化教材的特点，数字化教材的开发应该包括以下几个步骤。

第一步，开发科技英语电子教材。以现有的科技英语纸质教材为基础，实现纸质教材的数字化。纸质教材数字化是数字化的最基础层面，表现为静态的电子教材。

第二步，升级科技英语电子教材。应在教材中加入音频、视频和动画等多媒体数字素材，使科技英语电子教材升级为科技英语多媒体数字化教材。

第三步，科技英语互动式数字化教材。互动式数字化教材是能够实现多方互动的数据式教材。其能够支持读者与数字化教材的互动、师生互动、生生互动，以及教师、学生与科技英语数字化教材编写者之间的互动，这就真正构建起了以学生为主的教学体系。同时，教师和学生在选择数字化教材时也会更加自由。

第四步，科技英语集聚式数字化教材。集聚式数字化教材是数字资源集聚的数据式教材，是最高形态的数字化教材。教师的教学不再局限于课堂，借助这类教材，教师能以移动终端为载体、以云平台为支撑，实现与学生的高效互动。

参考文献

［1］陈雪频. 一本书读懂数字化转型［M］. 北京：机械工业出版社，2021.

［2］陈煜，傅道彬. 读曲通识［M］. 北京：华龄出版社，2019.

［3］陈志锋，郝丽娟. 从"十四五"规划纲要看质量服务业的发展机遇［J］. 质量与认证，2021（6）：16.

［4］程莉莉. 教育数字化转型的内涵特征、基本原理和政策要素［J］. 电化教育研究，2023（4）：43.

［5］崔更国，宋建威，赵秦. 我国法律英语人才培养模式探析［J］. 石家庄铁路职业技术学院学报，2011（3）：37.

［6］崔建西，白显良. 智能思政：思想政治教育创新发展的新形态［J］. 思想理论教育，2021（10）：29.

［7］冯改. 大学英语教学模式问题与对策研究［M］. 北京：中国商务出版社，2017.

［8］冯晓英，王瑞雪，吴怡君. 国内外混合式教学研究现状述评——基于混合式教学的分析框架［J］. 远程教育杂志，2018（3）：43.

［9］高鑫鑫. 高校英语混合式教学的实践与反思［J］. 科技视界，2021（22）：41.

［10］何冰，汪涛. 翻转课堂与英语教学［M］. 长春：吉林人民出版社，2019.

［11］洪海鹰. 关注全人发展，构建全面培养的教育体系［J］. 甘肃教育，2019（6）：27.

［12］胡海. 校企合作背景下高职应用英语人才培养模式研究［J］. 文艺生活（下旬刊），2019（6）：36.

［13］黄佳. 产教融合一体化育人策略与实践［M］. 北京：中国原子能出版社，2021.

［14］黄羽. 工学结合人才培养模式下的高校英语教学改革探究［J］. 教育教学论坛，2022（29）：47.

［15］蒋娟. 互联网背景下英语数字化教学实施路径探析［J］. 教学与管理，2019（5）：35.

［16］孔凡利. 基于就业导向的高校学生英语阅读能力的培养策略研究［J］. 山西青年，2021（11）：51.

［17］刘宝存. 全人教育思潮的兴起与教育目标的转变［J］. 比较教育研究，2004（9）：29.

［18］刘杰. 商务英语人才培养对促进对外贸易的影响［J］. 科技资讯，2021，19（27）：43.

［19］马雪艳. 现代信息技术和大学英语课程整合的优势［J］. 大众文艺，2010（20）：42.

［20］门悦，郭旭东. 国家战略视域下的法律英语人才培养策略［J］. 英语教师，2017，17（5）：35.

［21］牛艳. 混合式教学在高校英语教学中的应用［J］. 现代英语杂志，2021（14）：37.

［22］王薇. 高职英语专业校企合作人才培养实践研究［J］. 新一代（理论版），2018（24）：46.

［23］王晓文，高志军. 用几何画板构建智慧课堂［M］. 银川：宁夏人民教育出版社，2019.

［24］王钊. 高校英语专业听力能力影响因素及措施分析［J］. 文化创新比较研究，2019（15）：45.

［25］位巧. 基于网络教学平台的英语数字化教学探索［J］. 教育观察，2020（29）：59.

［26］魏卿，赵彩霞. 探析旅游英语人才培养与中华传统文化教育［J］. 现代职业教育，2019（12）：62.

［27］夏洪文. 信息技术与课程整合研究［M］. 武汉：湖北科学技术出版社，2005.

［28］张洁. 刍议商务英语人才培养模式［J］. 经济研究导刊，2017（16）：47.

［29］张静. 基于就业市场旅游英语专业人才培养的研究［J］. 宿州教育学院学报，2012（6）：36.

［30］张瑞红. 心理因素和区域文化在旅游英语人才培养中的实践研究［J］. 当代旅游，2021，19（6）：59.

［31］张怡. "互联网+经济"背景下的英语人才培养［J］. 教育信息化论坛，2021（3）：38.

［32］赵呈领. 信息技术与课程整合［M］. 武汉：湖北科学技术出版社，2006.

［33］赵丹. 论网络环境下的高校英语教学资源融合与创新发展［J］. 太原城市职业技术学院学报，2015（6）：57.

［34］赵德艳. 如何提高高校非英语专业学生的写作能力［J］. 山西青年，2019（8）：39.